U0089486

古代歷史文化研究輯刊

三一編

王明蓀 主編

第37冊

清代《三百六十行》秘本圖存

李德生 著

國家圖書館出版品預行編目資料

清代《三百六十行》秘本圖存／李德生 著 -- 初版 -- 新北市：
花木蘭文化事業有限公司，2024〔民 113〕
序 10+ 目 10+240 面；19×26 公分
（古代歷史文化研究輯刊 三一編；第 37 冊）
ISBN 978-626-344-689-2（精裝）
1.CST：社會生活 2.CST：文化 3.CST：清代 4.CST：中國
618　　112022546

ISBN-978-626-344-689-2

古代歷史文化研究輯刊
三一編　第三七冊　　ISBN：978-626-344-689-2

清代《三百六十行》秘本圖存

作　　者　李德生
主　　編　王明蓀
總 編 輯　杜潔祥
副總編輯　楊嘉樂
編輯主任　許郁翎
編　　輯　潘玟靜、蔡正宣　美術編輯　陳逸婷
出　　版　花木蘭文化事業有限公司
發 行 人　高小娟
聯絡地址　235 新北市中和區中安街七二號十三樓
　　　　　電話：02-2923-1455／傳真：02-2923-1452
網　　址　http://www.huamulan.tw 信箱 service@huamulans.com
印　　刷　普羅文化出版廣告事業
初　　版　2024 年 3 月
定　　價　三一編 37 冊（精裝）新台幣 110,000 元　版權所有・請勿翻印

清代《三百六十行》秘本圖存

李德生 著

作者簡介

李德生（1945 ～），原籍北京，旅居加拿大，係加拿大文化更新研究中心研究員，致力於東方民俗文化和中國戲劇之研究。有如下著作在國內外出版發行：

《束胸的歷史與禁革》（臺灣花木蘭文化事業有限公司出版，2021 年 3 月）；
《粉戲》（臺灣花木蘭文化事業有限公司出版，2021 年 3 月）；
《血粉戲及劇本十五種》（上中下）（臺灣花木蘭文化事業有限公司出版，2021 年 9 月）；
《禁戲》（上下）（臺灣花木蘭文化事業有限公司出版，2021 年 9 月）；
《炕與炕文化》（臺灣花木蘭文化事業有限公司出版，2021 年 9 月）；
《煙雲畫憶》（臺灣花木蘭文化事業有限公司出版，2021 年 9 月）；
《京劇名票錄》（上下）（臺灣花木蘭文化事業有限公司出版，2021 年 9 月）；
《春色如許》（臺灣花木蘭文化事業有限公司出版，2022 年 3 月）；
《讀圖鑒史》（臺灣花木蘭文化事業有限公司出版，2022 年 3 月）；
《摩登考》（臺灣花木蘭文化事業有限公司出版，2022 年 3 月）；
《圖史鉤沉》（臺灣花木蘭文化事業有限公司出版，2022 年 3 月）；
《旗裝戲》（臺灣花木蘭文化事業有限公司出版，2022 年 9 月）；
《二十四孝興衰史》（臺灣花木蘭文化事業有限公司出版，2022 年 9 月）；
《富連成詳考》（上下）（臺灣花木蘭文化事業有限公司出版，2023 年 3 月）；
《丑戲》（臺灣花木蘭文化事業有限公司出版，2023 年 3 月）；
《三百六十行詳考》（上下）（臺灣花木蘭文化事業有限公司出版，2023 年 3 月）；
《清代禁戲圖存》（上下）（臺灣花木蘭文化事業有限公司出版，2023 年 9 月）；
《三百六十行詳考續》民初篇（上下）（臺灣花木蘭文化事業有限公司出版，2023 年 9 月）；
《古代兒童遊戲淺考》（臺灣花木蘭文化事業有限公司出版，2023 年 9 月）；

提　　要

「讀圖鑒史」的研究方法近年來已蔚然成風，筆者曾就此法試著編撰了《讀圖鑒史》、《圖史鉤沉》、《春色如許》、《丑戲》、《禁戲圖存》等書，反映良好。於是筆者從民俗學角度又編撰了《三百六十行詳考》和《三百六十行詳考續》（民初篇）兩書。為了使「三百六十行」這一系列更臻於完美。筆者擬將蒐集到的清代有關「三百六十行」的宮廷御製秘本和域外珍藏繪本，如：清雍正御製《耕織圖》、乾隆鑒賞本《太平歡樂圖》、大英圖書館藏光緒年間民間外銷繪本《皇都市廛》和宣統末年著名畫家陳師曾先生所繪的《北京風俗圖》，凡四種編輯成冊，謹供同好展玩和研究之用。

序言　芸芸眾生入畫來

筆者在前兩年編撰的《三百六十行詳考》和《三百六十行詳考續》(民初篇)兩部文稿，以圖證加釋述的方式成書，由花木蘭文化出版公司在去年精印出版。筆者在兩書的《前言》部分較詳細敘述了「三百六十行」一詞，在漫長的封建社會中，從簡單的「兩行」、「四行」之稱謂，隨著時代的推移，發展到「三十六行」、「一百二十行」，直至「三百六十行」的數字迭加式的演變，說明著社會經濟生活的進步與發展，以及百工技藝的分工與變化，所形成的商賈百業和市廛習俗。對「三百六十行」的細考，對民俗學的研究和近代中國經濟史的研究，或可提供一些有用的旁證性史料。

以上二書問世之後，引起了不少學人的興趣。筆者收到許多鼓勵的信件，希望筆者能就此專題再多寫一些東西，尤其在圖證方面能盡其所能地多做一些貢獻，以達「奇文共欣賞，疑義相與析」的作用。筆者認為這一建議頗有道理。只是慚愧囊篋羞澀，個人對前代有關「三百六十行」圖畫的蒐集有限，篇纂起來恐有野人獻曝之歉。三思之後，為了使「三百六十行」圖證這一課題更臻於完美，筆者擬從清代罕見的秘本入手，將蒐集到的有關「三百六十行」的宮廷秘本和域外珍藏的繪本，如：清雍正〔註1〕御製《耕織圖》、乾隆〔註2〕鑒賞本《太平歡樂圖》、大英圖書館藏〔註3〕光緒年間民間外銷繪本《皇都市廛》

〔註 1〕雍正即清世宗愛新覺羅．胤禛(1678～1735)，清朝第五位皇帝。曾自號破塵居士、圓明主人，年號雍正。係康熙帝第四子，母為孝恭仁皇后。

〔註 2〕乾隆即清高宗愛新覺羅．弘曆(1711～1799)。清世宗雍正皇帝第四子，母孝聖憲皇后鈕祜祿氏。弘曆自小受祖父康熙皇帝的鍾愛，養之宮中。雍正十一年封為和碩寶親王，雍正十三年即位，年號乾隆。

〔註 3〕光緒即愛新覺羅．載湉(1871～1908)，是清朝第 11 位皇帝，年號光緒。

和宣統〔註4〕末年著名畫家陳師曾〔註5〕先生所繪的《北京風俗圖》，凡四種編輯成冊，以酬同好鑒賞和研究之用。

《耕織圖》

以下，筆者先介紹一下所輯《耕織圖》的簡況。在封建時代，中國經濟向以農桑大國自居，「重本抑末」是歷來君王的治國根本。耕、織二字是牧民、役民千年不變的統治要術，也是庶民百姓賴以生活繁衍無可替代的生存之道。農人耕地、農婦紡織類的圖畫，屢屢散見於前代的岩畫、壁畫、秦磚漢瓦、木版插圖當中，實為不鮮。唯《耕織圖》的出現，則成為最早的、系統地描繪了農民耕、織全部工藝過程的圖像資料。

這種繪寫方式的初創人是南宋畫家樓璹〔註6〕。樓璹在宋高宗時期出任於潛（今浙江省臨安市）縣令時，時常深入農村，體恤下情。深感農夫、蠶婦勞作的辛苦和生活的艱辛。即在工餘，繪製了耕、織二圖，並賦予詩說來描繪農桑生產的各個環節。此為，在當時並無任何反響。據文獻所記，到了南宋嘉定三年（1210年），樓璹的孫子樓洪、樓深，為紀念祖父的懿行，出資聘請石刻高手將《耕織圖》的畫稿並詩精鐫於石，陳列於祠堂之上，傳於後世。時人瞻仰不絕，紛紛拓搨，從此《耕織圖》乃傳之遐邇。到了南宋理熙元年（1237）就有了汪綱〔註7〕木刻複製本廣泛流傳。據說明代初年編輯的《永樂大典》曾收錄了這部《耕織圖》。但隨著《永樂大典》的散佚，這部《耕織圖》也已失傳了。

清康熙二十八年（1689 年）康熙皇帝南巡時，江南士子為求進取，競先

〔註 4〕宣統即愛新覺羅．溥儀（1909～1911）。是清朝末代皇帝。年號宣統。

〔註 5〕陳師曾（1876～1923），名衡恪，字師曾，以字行，號槐堂，又號朽道人，陳三立長子，陳寅恪長兄。江西省南昌府義寧州（今修水縣）人，出生於湖南省鳳凰縣，中國近代著名畫家。梁啟超稱其為「現代美術界具有藝術天才、高人格、不朽價值的第一人」。

〔註 6〕樓璹（1090～1162），字壽玉，小字國器。兩宋之際明州勤縣（治今浙江寧波）人。係北宋時期官員樓異之子。樓璹以父任得官，為黎州幕職佐官。宋高宗時，歷任知於潛縣、通判邵州、湖北轉運判官、知揚州兼淮東安撫使等職。紹興二十六年（1156），主管台州明道宮。後致仕，累官至朝議大夫。

〔註 7〕汪綱（117？～1228），字仲舉，黟縣人。淳熙十四年中銓試。累除外任，有政聲。歷知紹興府，主管浙東安撫司公事。尋直龍圖閣。理宗立，詔為右文殿修撰，加寶謨閣待制。紹定初，權戶部侍郎。越數月，上章致仕。汪綱多聞博記，凡兵、農、醫卜、陰陽、律曆諸書，靡不研究。著有《恕齋集》、《左帑志》、《漫存錄》等書行世。

進獻藏書甚豐，其中竟有一部「宋公重加考訂，鋟諸梓以傳」的《耕織圖》一卷，深得康熙皇帝的青睞。即命宮廷畫師焦秉貞〔註 8〕根據原意重新繪製了《耕圖》、《織圖》各 23 幅，並附有皇帝本人親製的七言絕句各 23 首及序文一篇，遂成巨製。焦秉貞所繪畫內容與原呈本略有變動，《耕圖》增加「初秧」、「祭神」二圖，《織圖》刪去「下蠶」、「喂蠶」、「一眠」三圖，增加「染色」、「成衣」二圖，圖序亦有變換。並且將宋代《耕織圖》的布景、人物、風俗易為清代，所繪更為精美，深藏內宮，僅供帝后太子傳看。以為深居廟堂，不忘黎民稼穡之辛苦。據說，康熙帝還以《耕織圖》為教材，親自為諸皇子授課，講述民間耕織的過程。由此，導至雍正《御製耕織圖》的出現。

雍正，即愛新覺羅・胤禛（1678～1735），是康熙皇帝的第四個兒子，母為孝恭仁皇后。雍正為人機敏聰慧，自小深受康熙疼愛。康熙三十七年（1698）封為貝勒。他對乃父以《耕織圖》教子的深意領悟至深。曾暗囑宮廷畫師重繪了一卷《耕織圖》，並將畫中的農夫、蠶婦的人物形象，改畫為自己和妻子的模樣，躬耕勞作。同時，也仿傚父親，給每幅圖畫附詩一首，藉以表示將承繼父示，畢生注重農耕之意。在康熙皇帝的壽誕之日，胤禛將這卷新的《耕織圖》做為壽禮奉獻乃父。康熙閱後心中甚喜，隨即封他為雍親王。此說雖未見諸正史，也是一段值得玩味的宮廷秘事。康熙六十一年（1722），康熙帝在北郊暢春園病逝，胤禛繼承皇位，次年改年號為雍正。這件重繪的《耕織圖》共有圖 46 幅，每幅畫上都有雍正的親筆題詩，並蓋有「雍親王寶」和「破塵居士」兩方印章。此卷畫冊集詩、書、畫的完美統一，堪稱珠聯璧合的宮廷藝術瑰寶。該圖冊深藏故宮紫禁城武英殿內，近三百年間從未公開展示，筆者輯入此冊，做為「三百六十行」圖存的開篇，以示大吉！

《太平歡樂圖》

《太平歡樂圖》是本書的第二部分。此圖的出現為乾隆皇帝第五次（1780）南巡期間。乾隆在世時共有六次南巡，南巡的目的眾說紛紜，有的說是「江南秀色，清雅寓目，至使龍顏留漣，不惜屢屢親至」。也有的說是「江南多儒人雅士，皇澤宜多滋潤」。更有人說「龍體縱橫南北，以固河山一體」，也有的說是「以示國富民殷，太平歡樂」。而乾隆皇帝則親口說：「南巡之事莫大於河

〔註 8〕焦秉貞（生卒年不詳），字爾正，山東濟寧人，康熙時官欽天監五官正，供奉內廷。係宮廷畫家。擅畫人物，吸收西洋畫法，重明暗，樓臺界畫，刻畫精工，繪有《仕女圖》，《耕織圖》等。

工」。也就是說，他為了關心河道的治理，必須多次親自檢視。其實，乾隆南巡的用心，目的更在於籠絡文人薈萃之地的漢族士大夫階層和江南的知識分子，給他們以適當的提拔和安撫，以鞏固大清的統治。因之，一些渴望朝廷重用的文人墨客，借機紛紛獻上自己精心創作的詩集、書畫，來歌頌這位「十全老人」〔註9〕的豐功偉蹟，企圖得到皇帝的賞識。在乾隆第五次來杭時，浙江名畫家方薰〔註10〕便將自己多年精心繪製的《太平歡樂圖》，通過曾任刑部主事的金德輿〔註11〕呈進內廷。因為這是中國第一部分行分類，詳細描寫民間市井生活的寫真，也是皇帝至尊很難見到的民間市井生活模樣，如此「接地氣」的作品，受到了乾隆皇帝的喜愛，並給予了嘉獎。

在中國美術史上，「三百六十行」題材的繪畫並不多，其中著名的長卷，如宋人張擇端〔註12〕的《清明上河圖》、明人的《南中繁會圖》和《南都會景物圖卷》，清初王翬等人〔註13〕畫的《南巡圖》、徐揚〔註14〕的《盛世滋生圖》

〔註 9〕十全老人：乾隆帝曾自我總結一生有「十全武功」，自詡為「十全老人」。所謂的「十全武功」，即「十功者，平準噶爾二，定回部一，打金川為二，靖臺灣為一，降緬甸、安南各一，即今之受廓爾喀降，合計為十。

〔註10〕方薰（1736～1799），字蘭士，一字懶儒，號蘭坻、蘭如、蘭生等。性高逸狷介，樸野如山僧。詩、書、畫並妙，寫生尤工，與錢塘奚鐵生齊名，世稱浙西兩高士，稱「方奚」。阮元評其畫說：「深得宋元人秘法。」陳希濂則說：「蘭士作畫，繁不重，簡不略，厚在神，秀在骨，高曠之氣，突過時輩。」作品有《山靜居詩稿》、《山靜居詞稿》、《題畫詩》、《山靜居畫論》等。

〔註11〕金德輿（1750～1800）清藏書家、詩人。字鶴年，一字少叔，號雲莊。浙江桐鄉人，金檀從孫。父早喪，由母親朱氏撫。嗜讀書，考求金石圖史，收藏名人翰墨，兼工書畫。乾隆庚子年（1780）高宗南巡，曾獻呈《太平歡樂圖冊》和宋刻《禮記》等善本書多種，因而獲賜「文綺」，賜補刑部奉天司主事，官至刑部主事。善書法，工詩文，精於鑒藏，嗜好聚書。於桐鄉城內祖居築「桐華館」、「華及堂」藏書樓，後累世所藏書法名畫和宋元刻本皆收貯其中。因生性慷慨，晚年家道由此中落，常典質書畫聊以度日。著有《桐華館詩抄》、《桐華館吟稿》等。

〔註12〕張擇端（1085～1145），字正道，又字文友，東武人。活躍於北宋晚期。少年時在家鄉潛心讀書、畫畫，青年時期到京城汴梁遊學，後改工繪事，因畫藝精湛得徽宗賞識，於北宋年間任宮廷畫師。

〔註13〕王翬等（生卒年不詳），係清初宮廷畫師。

〔註14〕徐揚（生卒年不詳），江蘇蘇州人，清代畫家。字雲亭。家住閶門內專諸巷。工繪事，擅長人物、界畫、花鳥草蟲。畫梅既蒼勁又秀雅。乾隆十六年，弘曆南巡至蘇州，進畫，得以供奉內廷。於乾隆二十四年畫《盛世滋生圖》卷。《乾隆南巡圖》畫卷。繪事繼承了《清明上河圖》等藝術形式，以散點透視法來描繪山水城池，把現實主義手法運用於繪畫之中，其意義博大。

等。多是全景式地展示了物阜民豐的繁盛景象，並不以「三百六十行」為主，只是升平世象的點綴。而方薰所繪的《太平歡樂圖》，繪盡兩浙風土人情。其內容也使彼時書刊所描繪的市井生活動了起來。如李斗〔註 15〕《揚州畫舫名錄》所說：「是地繁華極盛，玩好戲物，櫛比鱗次，遊人鬻之，稱為土宜」；「山堂無市鬻之舍，以布帳竹棚為市廛，日晨為市，日夕而歸，而鬻皆小兒嬉戲之物」，有「雕繪土偶，本蘇州拔不倒做法，二人為對，三人以下為臺，爭新鬥奇，多春臺班新戲，如倒馬子、打盞飯、殺皮匠、打花鼓之類，其價之貴，甚於古之時所製泥孩兒也」。又如袁景瀾在《吳郡歲華紀麗》記道：「賣設色印板畫片者聚三清殿，鄉人爭買芒神春牛圖。觀內廣場，五方群估叢，支布幕為廬，鬻糖餌食物、瑣屑玩具、橄欖果品。雜耍諸戲，各奏其技，以資謀食。如繩索、狡童緣、舞盆飛水、吞刀躧□、傀儡牽絲、猴猻演劇，或隔帷像聲、圍場撲打、盲叟彈詞。老僧因果、曲號攤簧、技傳測字，凡醫卜星相之流，靡不畢至，以售其藝。貴賤相還，貧富相貿易，人物齊矣。更有地鈴、絲鷂、太平簫、西洋鏡諸玩具，以玻璃瓶盛朱魚，轉側其影，大小俄變。有而嘘吸者，大聲喊嗶，小聲嗱嗱，曰嗶嗱，以悅兒童。婦女之容飾妖邪者，遊人環集之，一謂之打圍。」如此種種，寫入畫圖，實為方薰首創也。

《太平歡樂圖》共繪圖一百幅，另配有百篇文字說明，用工整清秀的小楷寫就，展現了杭嘉湖地區百業俱興、經濟繁榮、百姓安康的市井生活場景。其內容包括市井百業，市井娛樂和浙江名特產等三大部分。市井百業有《古玩販子》、《捏泥人》、《磨銅鏡》、《賣書人》、《賣扇》、《吹簫賣餳》、《修錫器》等，反映了當時的百姓通過各種勞動形式，獲得生存權利。市井娛樂部分則包括《元旦吹簫》、《除夕歡樂圖》、《中秋月餅》、《元宵燈市》、《春節書春聯》、《重陽食糕》等名目，再現了當時的黎民百姓喜迎佳節的生活情景。浙江名特產則介紹了《杭州泉水》、《杭州蘭花》、《浙江名瓷》、《西湖蓴菜》、《西湖蓮藕》、《湖州毛筆》種種，幾與上述文獻記載相同。此外，有當時著名學者趙味辛〔註 16〕和

〔註 15〕李斗（1749～1817），清代戲曲作家。字北有，號艾塘，江蘇儀徵人。博通文史兼通戲曲、詩歌、音律、數學。作有傳奇《歲星記》和《奇酸記》。又有《艾塘曲錄》、《艾塘樂府》1 卷、《永抱堂詩集》8 卷、《揚州畫舫錄》18 卷。

〔註 16〕趙味辛即趙懷玉（1747～1823），字億孫，印川，晚號收庵，江蘇武進人。乾隆三十年春，高宗第四次南巡江、浙，奏賦行在，召試，賜舉人，授內閣中書。丁父憂歸，遂不復出。主通州石港講席六年，諸生極愛戴之。懷玉性坦易，工古文詞；詩與孫星衍、洪亮吉、黃景仁齊名，著有《亦有生齋文集》五十九卷，續集八卷並行於世。

李敬堂撰寫的考訂文字，更添此畫冊的史料價值。

據文獻所記，方薰的《太平歡樂圖》呈進內廷，受到乾隆皇帝的褒獎，從此名聲大噪。因為還有一部副本留在金德輿處，為彼時藝林人士爭相借閱觀瞻。嘉慶12年，該副本為古玩鑒賞家陳銑〔註17〕獲得。畫家董棨〔註18〕則依此副本臨摹了一部，如鏡取景，妙得神情，十分絕妙。此後，原來的副本原圖已佚，下落不明。如今看到的只有董棨的臨本存世。筆者輯納書中，亦是一部重要的圖畫史料。

《皇都市廛》

《皇都市廛》亦名《北京民俗生活百圖》。現存大英圖書館一部，北京民俗博物館也有部分收藏。我們從這組圖畫的每幀釋文的第一句話，即「本圖為中國之」某某等語中，一看便知，這組圖畫是一套專為西方人士製作的外銷畫。

自明神宗萬曆12年（1584），天主教傳教士利瑪竇〔註19〕與羅明堅〔註20〕來到了中國大陸，並獲准居住在廣東肇慶之後，從此，開啟了西方傳教士來華的通道。一百年後，清代的廣州便成了彼時唯一的對外通商口岸。這些遠道而來的傳教士和商人，他們擬將中國的見聞和東方習俗帶回西方，或撰寫成書，或帶回中國製造的瓷器、茶葉、絲綢，使歐洲刮起了神秘的中國風。通過這些商品和書籍，歐洲人燃起了對中國進一步瞭解的欲望。在攝影機尚未發明和發明之後，攝影技術仍不發達的歲月中，圖畫則是最生動、最直接、最有效的傳播載體。於是，根據西人的要求訂製的外銷畫也就此應時而生。

〔註17〕陳銑（1785～1859），字蓮汀，秀水（今浙江嘉興）人。好古精鑒藏，善書法，少游梁同書之門，親受秘訣，往還尤密。畫得翟繼昌親授，工寫生，尤長梅作小品，下筆邁古有金石氣。著有《愛日盧書畫別錄》、《墨林今話》、《宋元明清書畫家年表》等書行世。

〔註18〕董棨（1772～1844），清代畫家，字石農，又號梅溪老農，秀水（今浙江嘉興）人。

〔註19〕利瑪竇（Matteo Ricci，1552～1610），字西泰，意大利人。天主教耶穌會傳教士、學者。1582年被派往中國傳教，在華傳教28年，是天主教在中國傳教的最早傳教士之一。

〔註20〕羅明堅是明末來華的傳教士。字復初。生於意大利那波利。1572年他加入了耶穌會。萬曆七年（1579）奉派抵中國澳門，學習漢語。後隨葡萄牙商船至廣州傳教，住肇慶天寧寺。十三年，應兩廣總督之邀去杭州傳教。幾度游說西方國家與中國通使節未成。死於羅馬。著有《天主聖教實錄》，為西方人最早用漢文所寫教義綱要。

西人對中國人的山川風物、古代建築、民間習俗尤感新奇，就向當地的畫家們訂製這類圖畫，依質付資，依量付酬。外銷畫的市場逐步形成，一些善畫商品畫的畫家，如關作霖、關喬昌、關聯昌、蒲瓜兄弟〔註21〕等人所繪的「中西合璧」味道的圖畫應運而生，並成宗成派地在廣東一帶流行開來。外銷畫在北方出現得很晚，直到同治、光緒年間，使館區域的形成，中西政治文化交流頻仍，西人多了起來。但是外銷畫市場並未形成。一是到北京從事商業活動的西人很少，二是北方的畫家大多性情孤傲，各尊師法，不為斗米折腰。而彼時在京公幹的西人多有身份學識，且不乏酷愛研究東方民俗的學者，他們要訂製外銷畫，只能到市井畫匠集中的地方求索。有學者考據，北京宣武區達智橋一帶的小畫鋪子、紙活鋪子、南紙店、畫樑柱包袱的匠人較為集中，有些手快民間畫匠能承接這類「外活」。本集所輯的這組《皇都市廛》大祇就出於這些民間畫匠之手。從每圖的釋文來看，他們的文化水平不高，文字錯訛頻多。但是，這套作品並未因此而減弱了它的研究價值。

《皇都市廛》中的每個畫面雖然有些幼稚，但並不失其生動，靜靜觀之，似乎還能聽到陣陣忽遠忽近的各種「市聲」。正如，道光時佚名著者《韻鶴軒雜著》〔註22〕所記：「百工雜技，荷擔上街，每持器作聲，各有記號。修腳者所搖折疊凳，曰「對君坐」。剃頭擔所持響鐵，名曰『換頭』。醫家所搖銅鐵圈，名曰『虎撐』，星家所敲小銅鑼，曰『報君知』，磨鏡者所持鐵片，曰『驚閨』，錫匠所持鐵器，曰『鬧街』，賣油者所鳴小鑼，曰『廚房曉』，賣食者所敲小木梆，曰『擊饞』，賣閨房雜貨者所搖，曰『喚嬌娘」，賣貨者所持，曰『引孩兒』」。亦如赫懿行在《曬書堂筆錄》所記：「京師夏月，街頭賣冰，又有兩手銅碗，還令自擊，泠泠作聲」，盡入耳底；又如《燕京雜記》記道：「有荷兩筐擊小鼓以收物者，謂之打鼓，交錯於道，鼓聲不絕。」這些市井合唱均生動活潑，聲情並茂地躍然紙上。小小畫圖，包涵著故都平民生活的大塊文章。

〔註21〕外銷畫：19世紀，英國畫家喬治·錢納利是早期外銷畫的創作者，他在廣州十三行商館區居住，還招收學生傳授西方油畫技法。1825年，南海人關喬昌、關聯昌兄弟成為錢納利的學生、助手。學成出師後，兄弟倆開設畫室，他們所繪的肖像畫極為生動，所作的廣州風景畫栩栩如生，滿足了來粵外國商人的好奇心和審美情趣，畫作銷路大暢，被當時稱為中國最傑出的外銷畫畫家。後來者有蒲瓜兄弟，亦名噪一時。

〔註22〕清刊《韻鶴軒雜著》一書，作者失考。書中描述當時的蘇州「士之事賢友仁者必於蘇，商賈之糴賤販貴者必於蘇，百工雜技之流其售奇鬻異者必於蘇。」從中，反映出明清時期的蘇杭一帶的繁華景象。

《北京風俗圖》

《北京風俗圖》是近代著名畫家陳師曾先生的一組力作。陳師曾，名衡恪，字師曾。係江西省修水人。生於晚清光緒二年（1876），歿於民初（1923），一生書畫等身，家學淵源。乃祖陳寶箴，官至兵部侍郎，湖南巡撫，係清末維新派著名人物。乃父陳三立，號散原。進士出身，官至吏部主事，為近代著名詩人。與譚嗣同〔註23〕、徐仁鑄〔註24〕、陶菊存並稱「維新四公子」。其弟陳寅恪〔註25〕是著名的國學大師。陳師曾早年拜吳昌碩學畫，後留學日本，畢業於日本高等師範學校。歸國後從事美術教育，任教於北京大學等高校。與弘一法師〔註26〕、魯迅、程康、齊白石等時代風雲人物交往甚篤。其畫事精絕，勇於創新，梁啟超譽之為「中國現代美術第一人也」！他在傳統文人畫的基礎上融入西法，為中國現代繪畫的誕生，獨闢蹊徑，做出了重大貢獻。本書所輯《北京風俗圖》34幅，便是師曾先生最重要的代表作之一。

這組畫作是師曾先生以速寫和漫畫筆法，描繪出一批表現北京風土人情色彩的「小品」。如收破爛的、趕大車的、掏糞的、賣貨郎、山背子、乞丐婆、磨刀的、說書的、算命的，皆社會下層人物。他還描繪了北京的婚嫁習俗、民間娛樂以及沒落王孫，如打執事、吹鼓手、壓轎嬤嬤、旱龍船、玩鳥、旗裝少婦、喇嘛僧人等等，以及反映出社會動盪不安的時局，如「隔牆有耳」之種種。說是這些畫作是「小品」，而趣味彌深。這也是其最為珍貴之處。

據中國美術史研究，陳師曾的這組作品創作於清宣統三年（1911），三年間

〔註23〕譚嗣同（1865～1898），字復生，號壯飛，湖南省長沙府瀏陽縣人，生於順天府，係中國近代著名政治家、思想家，維新派人士。其所著的《仁學》，是維新派的第一部哲學著作，也是中國近代思想史中的重要著作。變法失敗後，以身殉國。

〔註24〕徐仁鑄（1863～1900），字研甫，號縵愔，是直隸宛平人。光緒年進士。屢掌文衡，極主慎重。官至湖南學政。仁鑄工詩，著有《涵齋遺稿》，傳於世。中日甲午戰後，痛感國勢日衰，亟思變法。曾作《輶軒今語》，闡述維新變法之意，遭到湖南頑固派葉德輝、王先謙等的攻擊。請其父徐致靖推薦康有為、梁啟超、張元濟、黃遵憲，譚嗣同於光緒帝，以伸其志。戊戌變政後被革職。

〔註25〕陳寅恪（1890～1969），字鶴壽，江西省修水縣人。中國現代歷史學家、古典文學研究家、語言學家、詩人，與葉企孫、潘光旦、梅貽琦一起被列為清華大學百年歷史上四大哲人，與呂思勉、陳垣、錢穆並稱為「前輩史學四大家」。

〔註26〕李叔同（1880～1942），又名李息霜、李岸、李良，譜名文濤，別號漱筒。李叔同是近代著名音樂家、美術教育家、書法家。後期信佛出家杭州靈隱寺，號弘一法師。

陸續完成。社會名流鄭昶〔註27〕、陳止、程康、姚茫父〔註28〕、葉恭綽〔註29〕等人先後為畫題詩填詞，一時之盛，轟動文壇，均見刊於《北洋畫報》〔註30〕。1922 年，這些作品還應邀赴日參加了國際大展，社會反映很大，深為各界進步人士讚譽。

師曾先生病逝之後，《北京風俗圖》編入《陳師曾先生遺墨》第 11 和 12 集中。關於《北京風俗圖》的傳留，著名「刻竹聖手」張志魚〔註31〕先生在《菉猗室京俗詞題陳朽畫》一書記之曰：「師曾精於六法，人盡知，而不知長於西法也。觀此風俗畫之炭朽，即為西法之證：其書刻，魚又欽佩者也。時賢書畫於箕邊之上，以師曾始。爰壬子歲，魚始製箕邊，由書而畫，均係名人為之。癸亥春，師曾以所繢竹梅筆邊委刻，其後各家仿傚，始有今日之盛。惜未獲大年，殊為愚悼。此冊《北洋畫報》曾披露一次，商務印書館有玻璃版行世。任公手藏係用七百金得來，日人某又出千金索購，竟未如願，此係國粹，願不遺於外人，實為萬幸。」筆者將此畫冊編為本書的第四部分，以酬同好賞。

筆者記於二零二三年夏月溫哥華寓中

〔註27〕鄭昶（1894～1952），字午昌。浙江省嵊州人。1910 年入杭州府中學堂，與同班同學郁達夫、徐志摩、姜立夫等人至好。1922 年受聘於上海中華書局，任美術部主任。編著出版了《中國畫學全史》，蔡元培譽之為「中國有畫史以來集大成之巨著」。他又是當時海派畫壇的活躍人物，曾發起組織「蜜蜂畫社」、「中國畫會」等社團。他山水、人物、花卉兼長。還在三十年代，畫譽已遠播四海，作品參加過在英、德、日、比、美和蘇聯等國的國際展覽。

〔註28〕姚茫父（1876～1930），字重光，別署蓮花龕主，貴州貴築人，是清末書畫家、詩人、詞曲家、經史學家。

〔註29〕葉恭綽（1881～1968），字裕甫、譽虎，號遐庵，晚年別署矩園。廣東廣州府番禺縣人，祖籍浙江餘姚，生於廣東番禺書香門第。清末舉人，京師大學堂化學館畢業，留學日本。1912 年後任交通部任交通次長，上海交通大學校長。1927 年，任北京大學國學館代館長。

〔註30〕《北洋畫報》創刊於 1926 年 7 月，由馮武越、譚北林在天津的法租界創辦，是華北地區的第一份銅版畫報。共出版發行 11 年，1,587 期。在民國時期，是當時中國北方辦刊持續時間最長、出版期刊數最多的綜合性畫報，涵蓋內容廣泛，被認為是民國時期北派攝影畫報的翹楚。《北洋畫報》與《良友》被學者認為是民國時期畫報的雙璧。

〔註31〕張志魚（1893～1961），又作張志漁，字瘦梅，號通玄，北京人。善書畫、治印，最精於竹刻，可將名人書畫縮刻於竹刻扇骨上，不失原作精神。曾刻扇骨八千餘柄，造詣極深，是近代北京刻竹第一高手。獨創沙地留青皮雕法，曾設「寄斯庵美術社」於北平勸業楊三樓鬻刻，所作以花卉為多。晚年寄居上海。

目次

第一部分　雍正御製耕織圖

俗名：耕織圖

作者：愛新覺羅・胤禛詩
　　　宮廷畫家繪

時間：約 1698 年前後

規制：冊頁

數量：46 幅

現存：北京故宮博物院

1. 浸種

百穀遺嘉種，先農著懋功。春驚二月入，香浸一溪中。

重穋他時異，筠籠此日同。多知聽父老，占候識年豐。

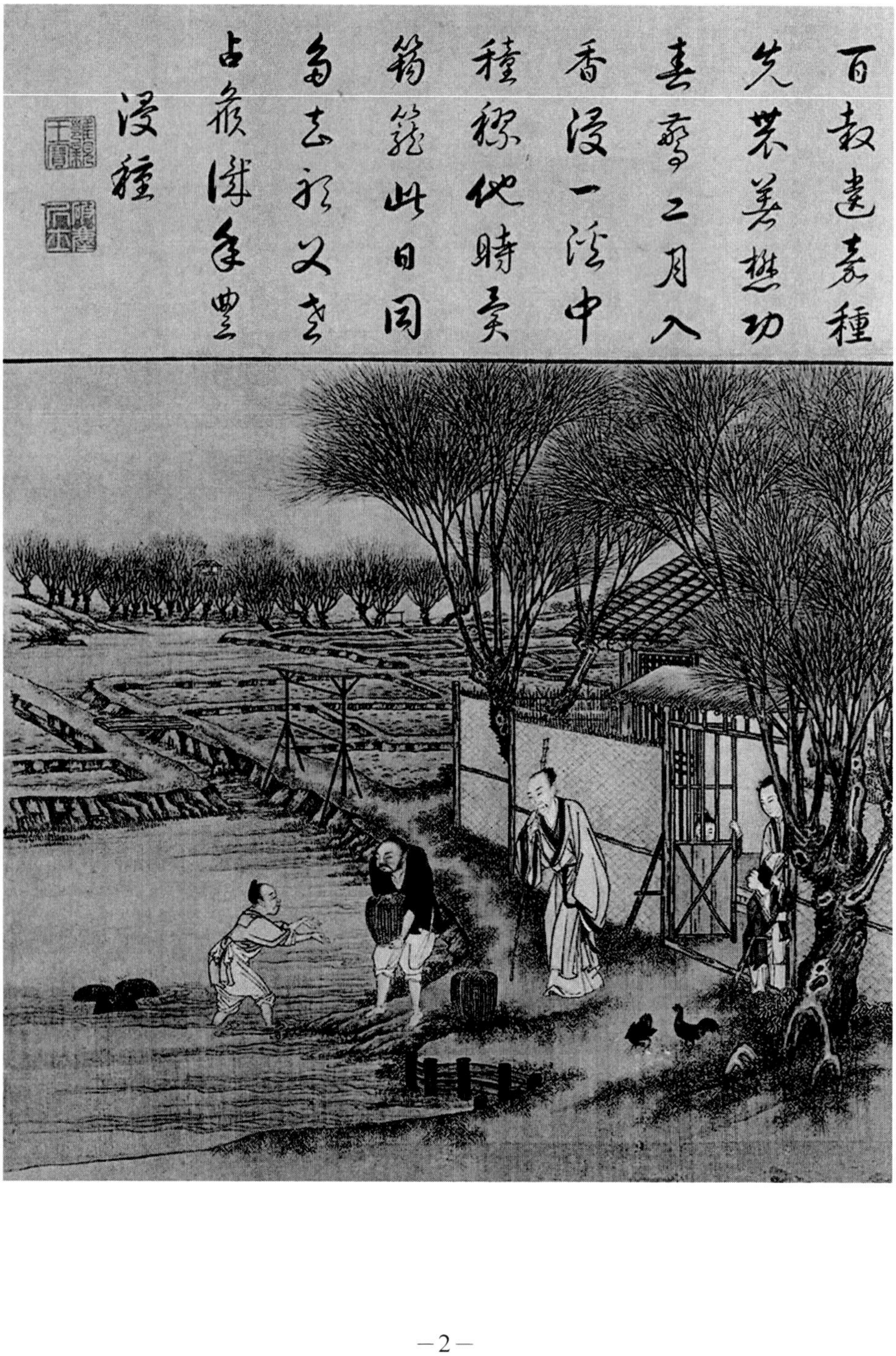

2. 耕

原隰春光轉，茅落暖氣舒。青鳩呼雨急，黃犢駕犁初。

畝收人無逸，耕耘事敢疏。關心課東作，扶筞歷村墟。

3. 耙耨

農務村看急，春畦水欲平。煙籠高柳暗，風入短蓑輕。

濕濕低雲影，田田亂雨聲。耙頭舡共穩，斜立叱牛行。

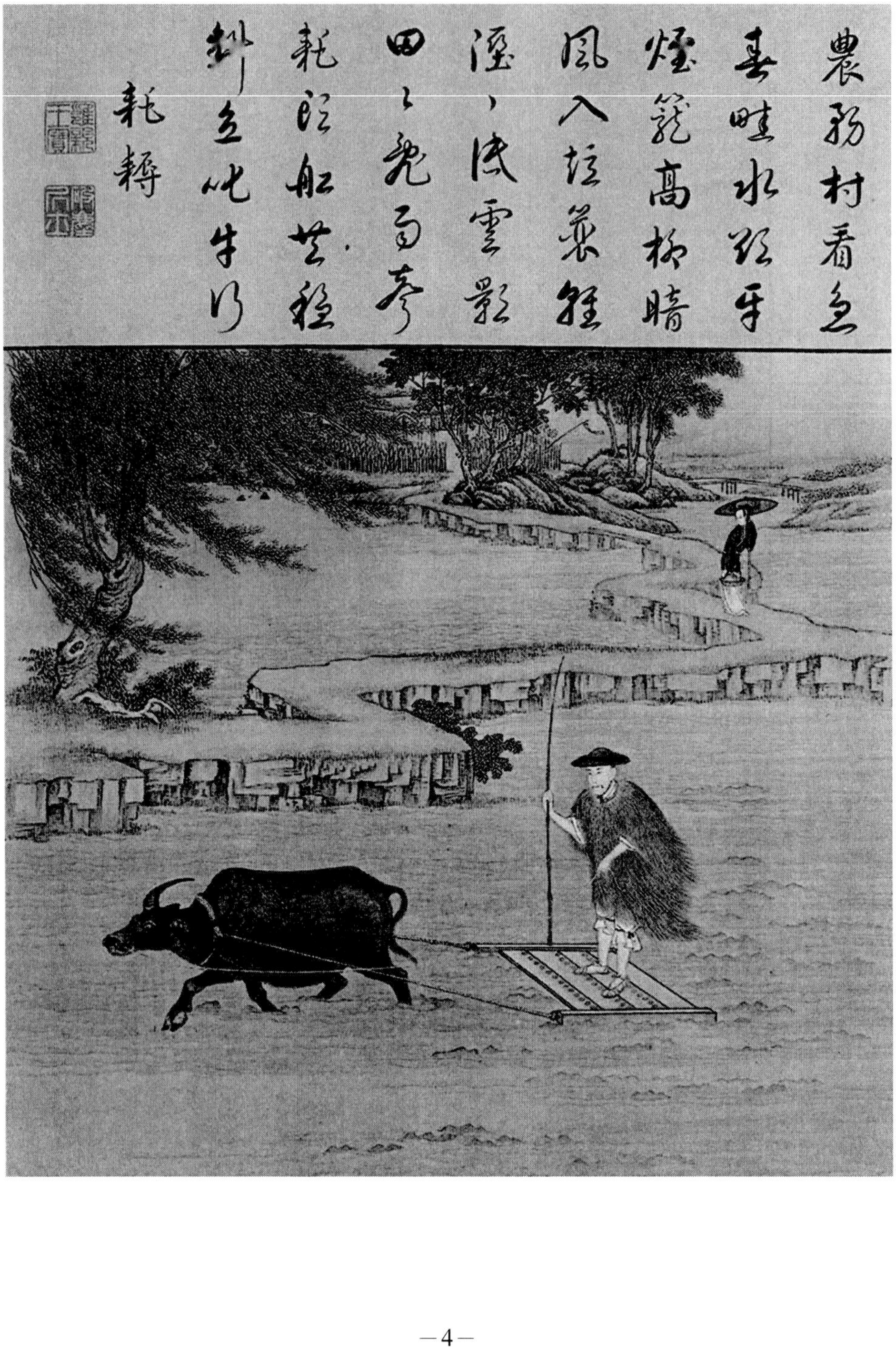

4. 耖

昨日耘初罷，今朝耖後親。四蹄聽活活，百收望匀匀。

蝶亂野花晚，燕歸芳草春。春風不肯負，只有立田人。

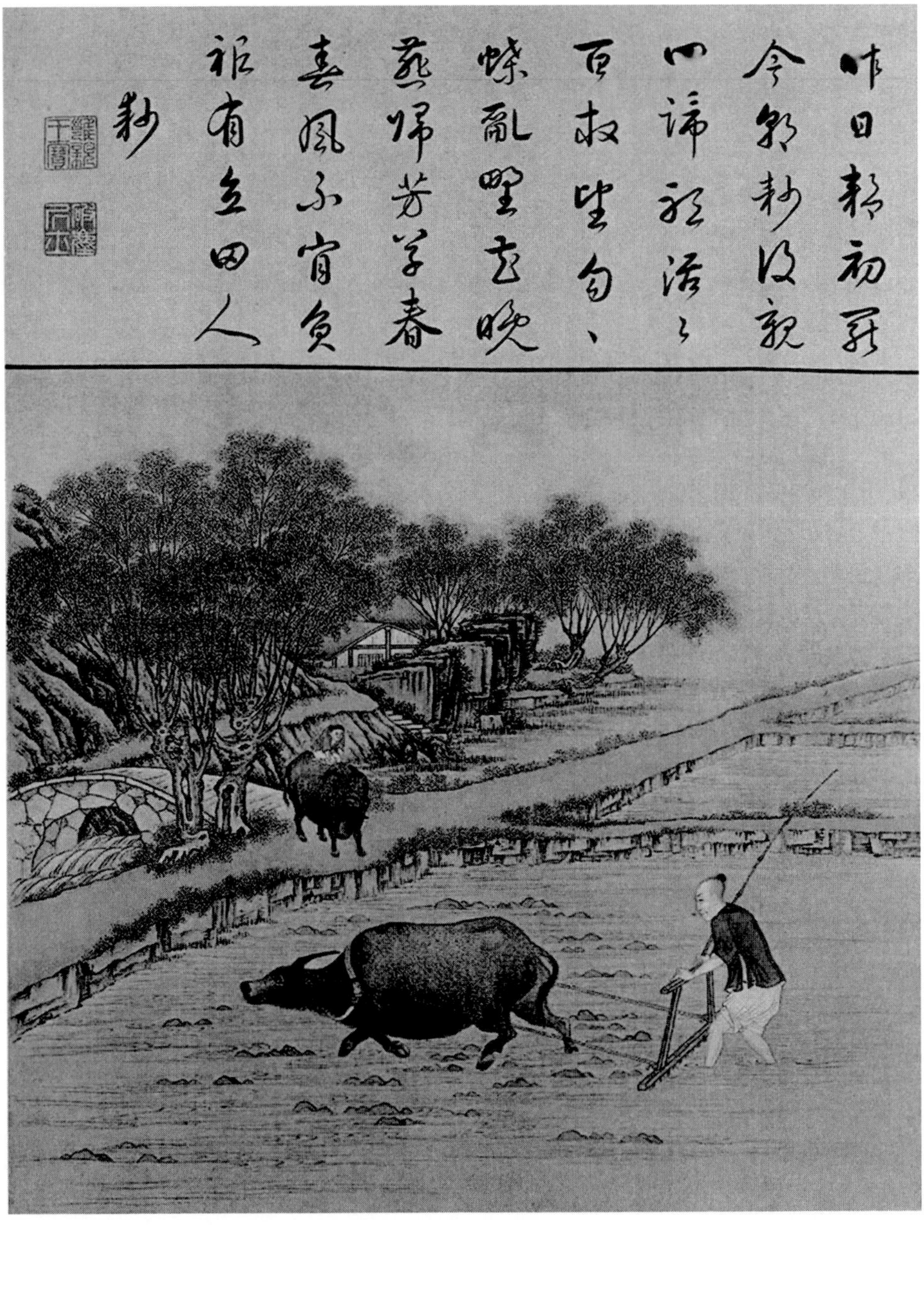

5. 碌碡

岉岉轉巧具，仔仔復東皋。策牛亦何急，回首若告勞。

春塍淨如鏡，香壤膩於膏。水族堪供餉，蝦籠守碧濤。

6. 布秧

種包欣坼甲，秧岸競攜筐。漸漸和煙灑，紛紛落隴香。

爭歡簇童稚，默禱願豐穰。春氣今年早，行看刺水秧。

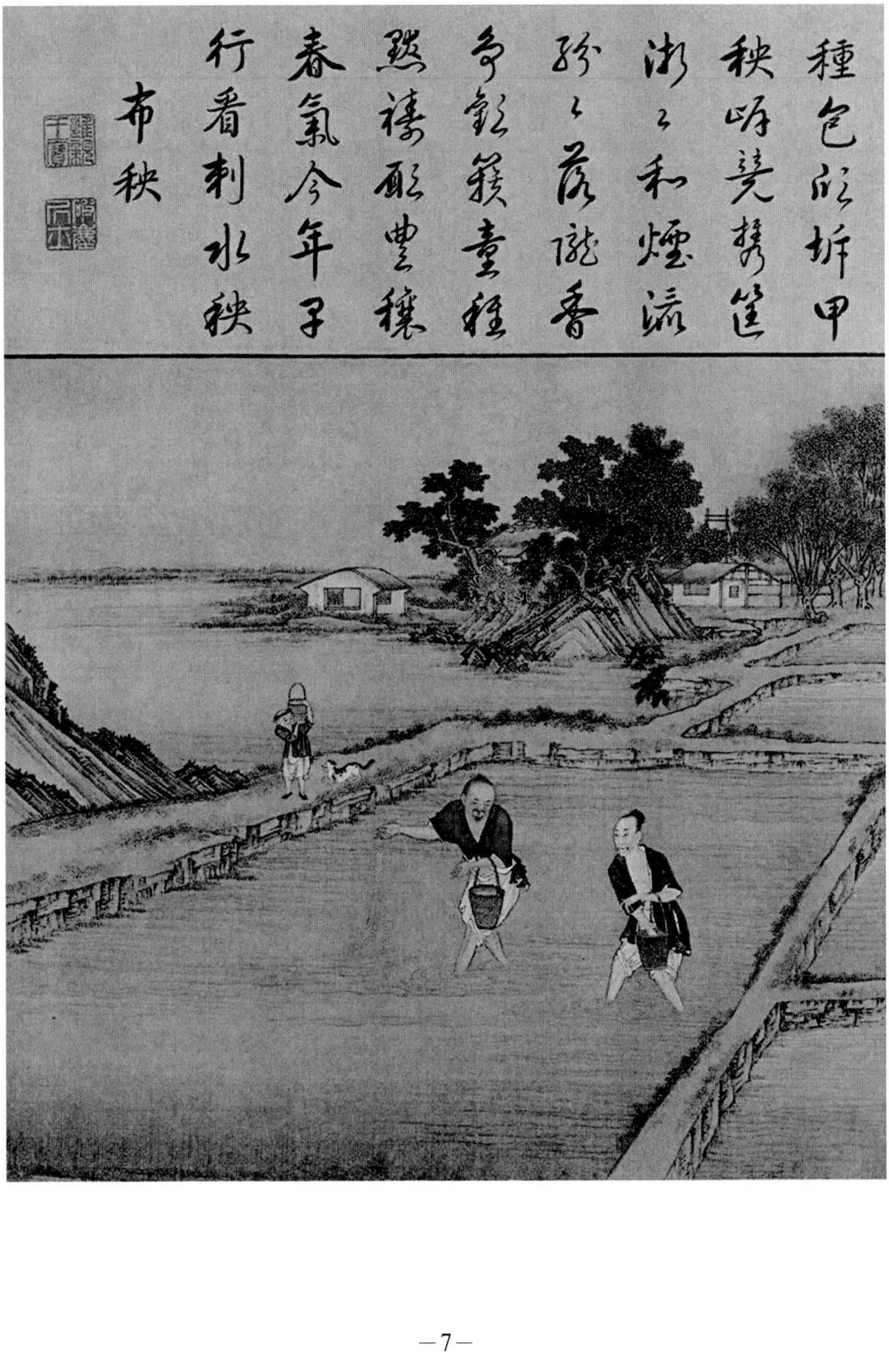

7. 初秋

廛處田間種，攜兒隴上來。一溪經雨破，盈畝喜秧開。

露氣濃相衰，陽光暖復催。欣欣頻笑指，轉眼即堪栽。

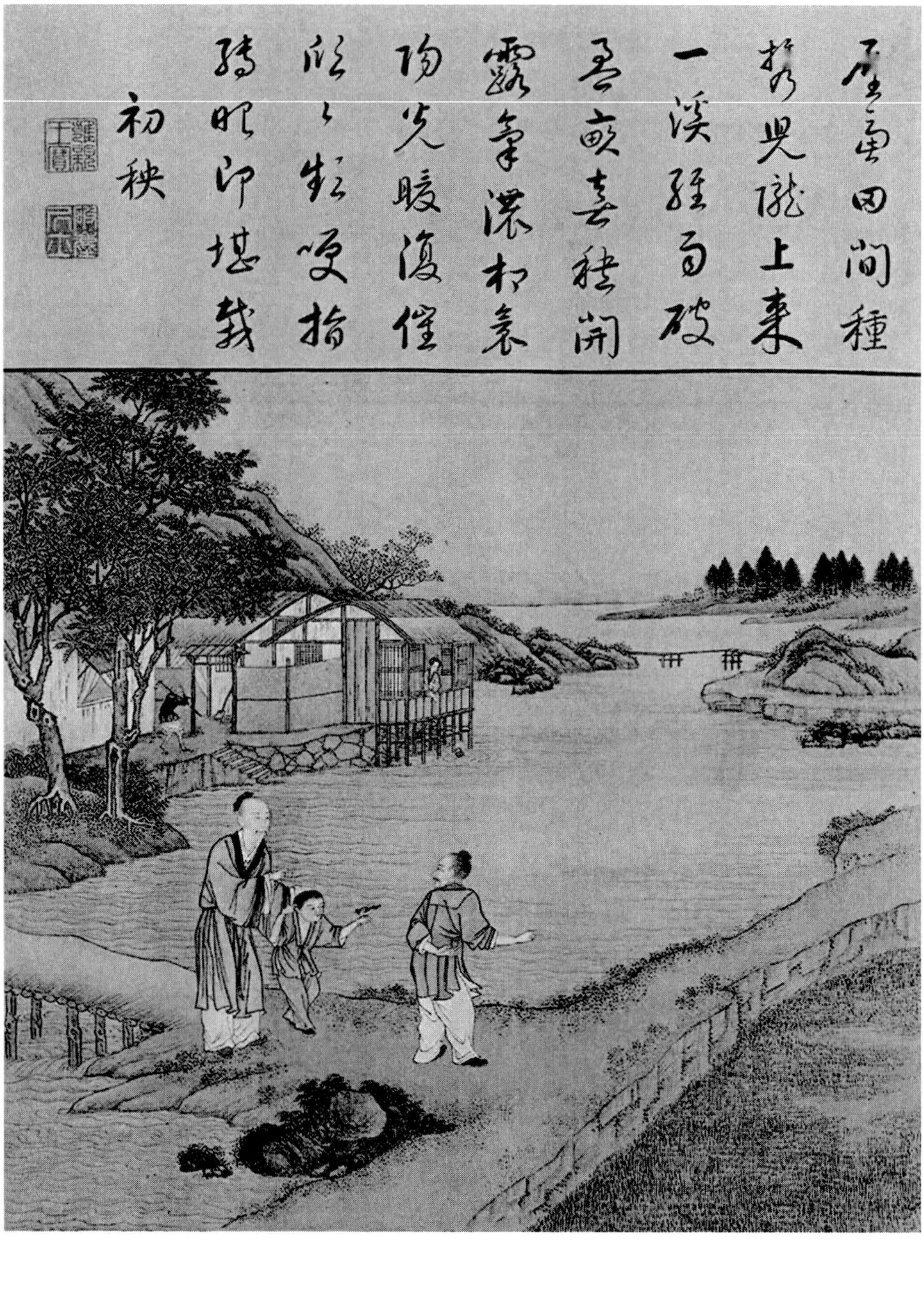

8. 淤蔭

鳥鳴村路靜，春漲野橋低。已見新秧好，還欣滿隴齊。

淤時爭早值，課僕敢安棲。隔水摩肩者，心忙日欲西。

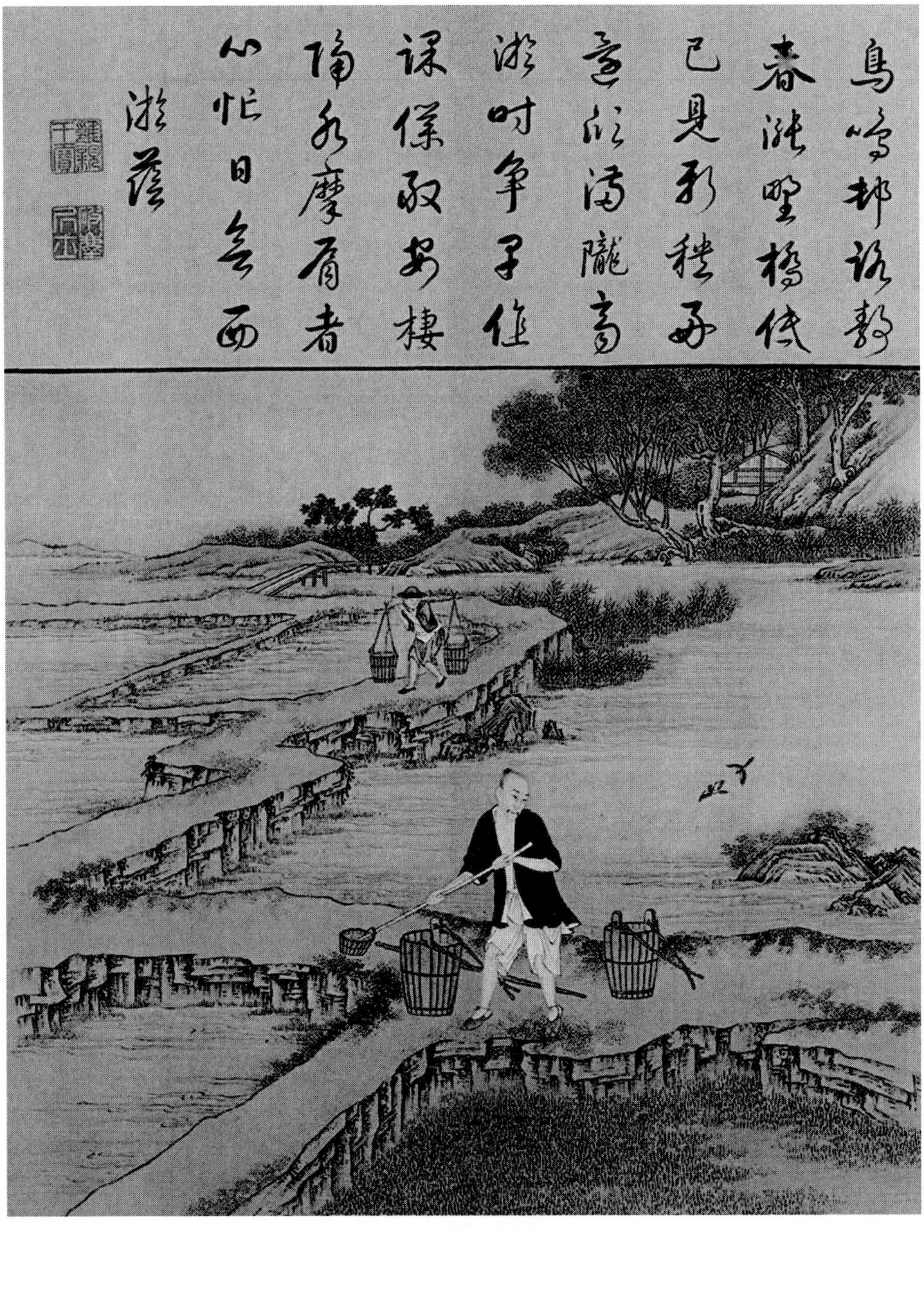

9. 拔秧

秧田開吉日，茅舍動香食。盈把分青壤，和根濯綠漪。

爭攜老稚共，供插陌阡馳。自得為農樂，辛勞總不知。

10. 插秧

物候當芒種，農人或插田。倏來行整整，入望影芊芊。

白柳花爭陌，黃梅子熟天。一朝千頃遍，長日愛如年。

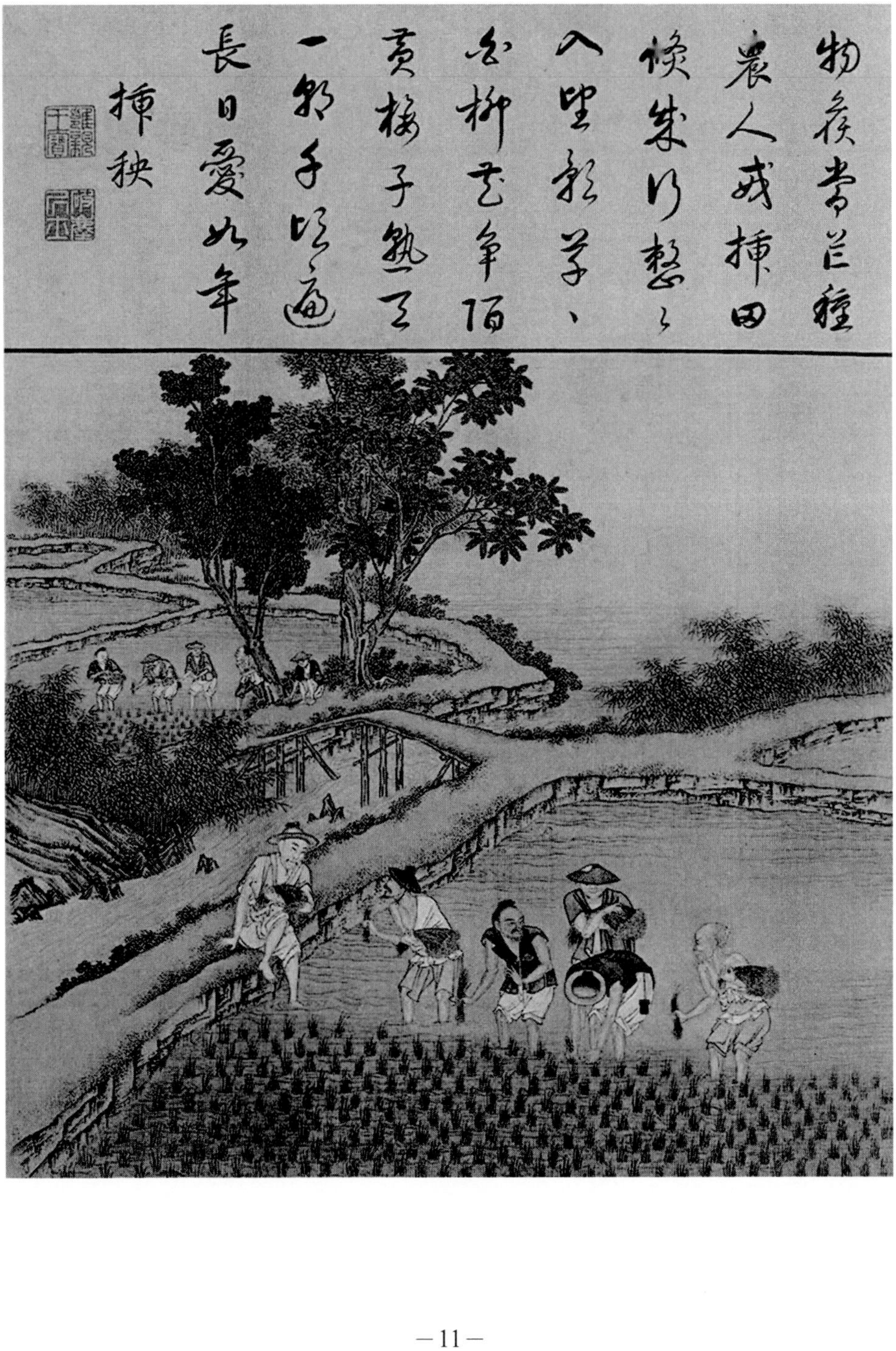

11. 一耘

飽雨新新長，金風葉葉柔。芰荑盡童莠，浥注引新流。

蔭借臨溪樹，涼生陽隴謳。炊煙動村戶，牧豎跨歸牛。

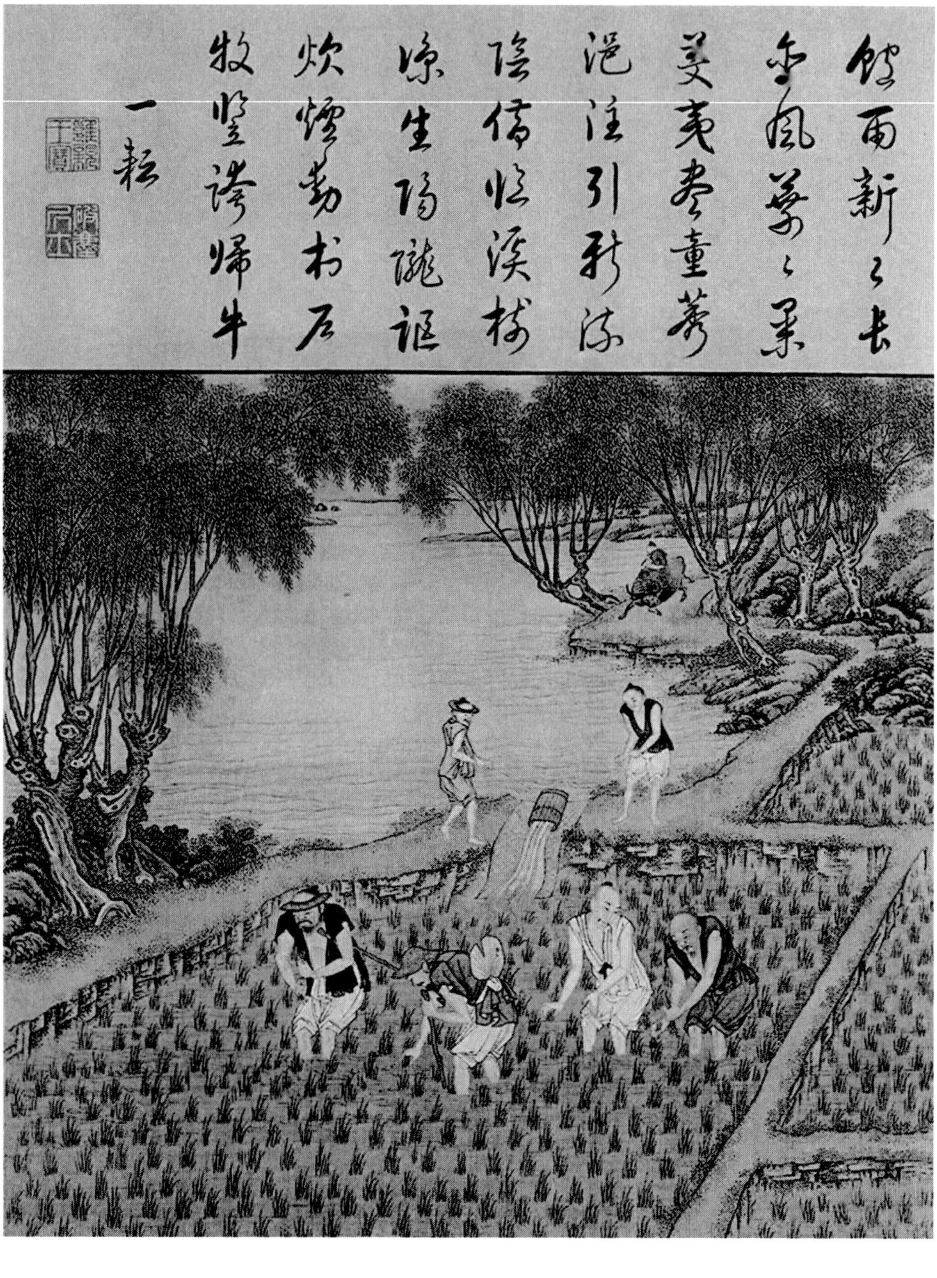

12. 二耘

鬱鬱南東好，勞勞一再耘。理苗踈是法，非種去求勤。

輕笠蒙煙霧，短裙浸水雲。行行忙餉婦，稚子故牽裙。

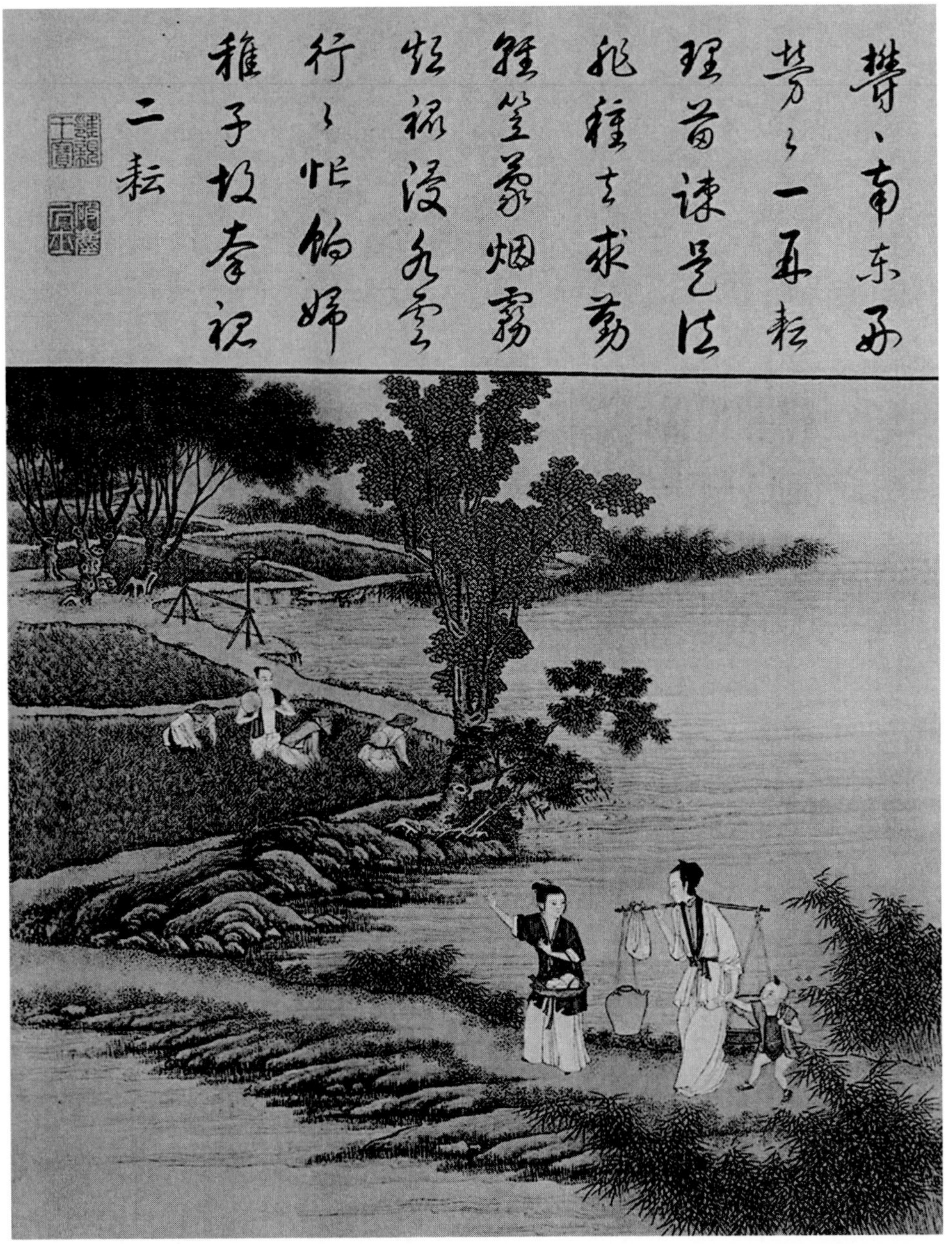

13. 三耘

巡陌日當午，驕陽暑若燔。戒農須盡力，耘事只今番。

蟬噪風前急，蛙聲水底繁。徘徊顧望裏，萬頃綠翩翻。

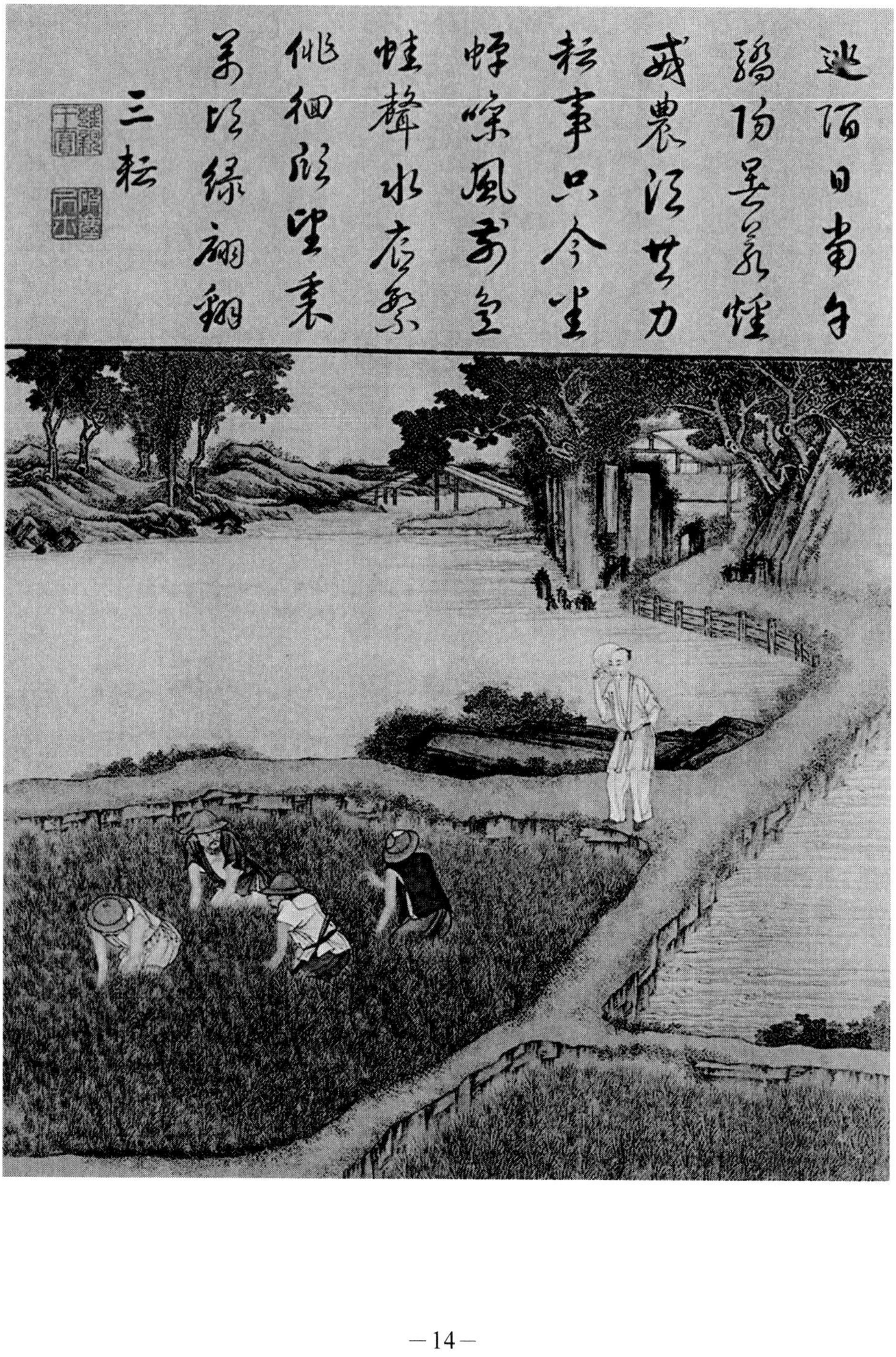

14. 灌溉

能為天公補，唯憑農力加。桔槔聲處處，戽斗動家家。

激活看畦滿，咿呀轉日斜。連朝風露好，那不易揚華。

15. 收刈

西來已在望，早值更相權。繁穗香生把，盈簷露未乾。
啄遺鴉欲下，拾滯稚爭歡。主伯欣相慶，今年子粒寬。

16. 登場

紅秈收十月，白水浸虛塍。多稼村村納，新場戶戶嵐。
雲堆香委亂，露積勢崚頃。勞瘁三時足，饔飧幸可憑。

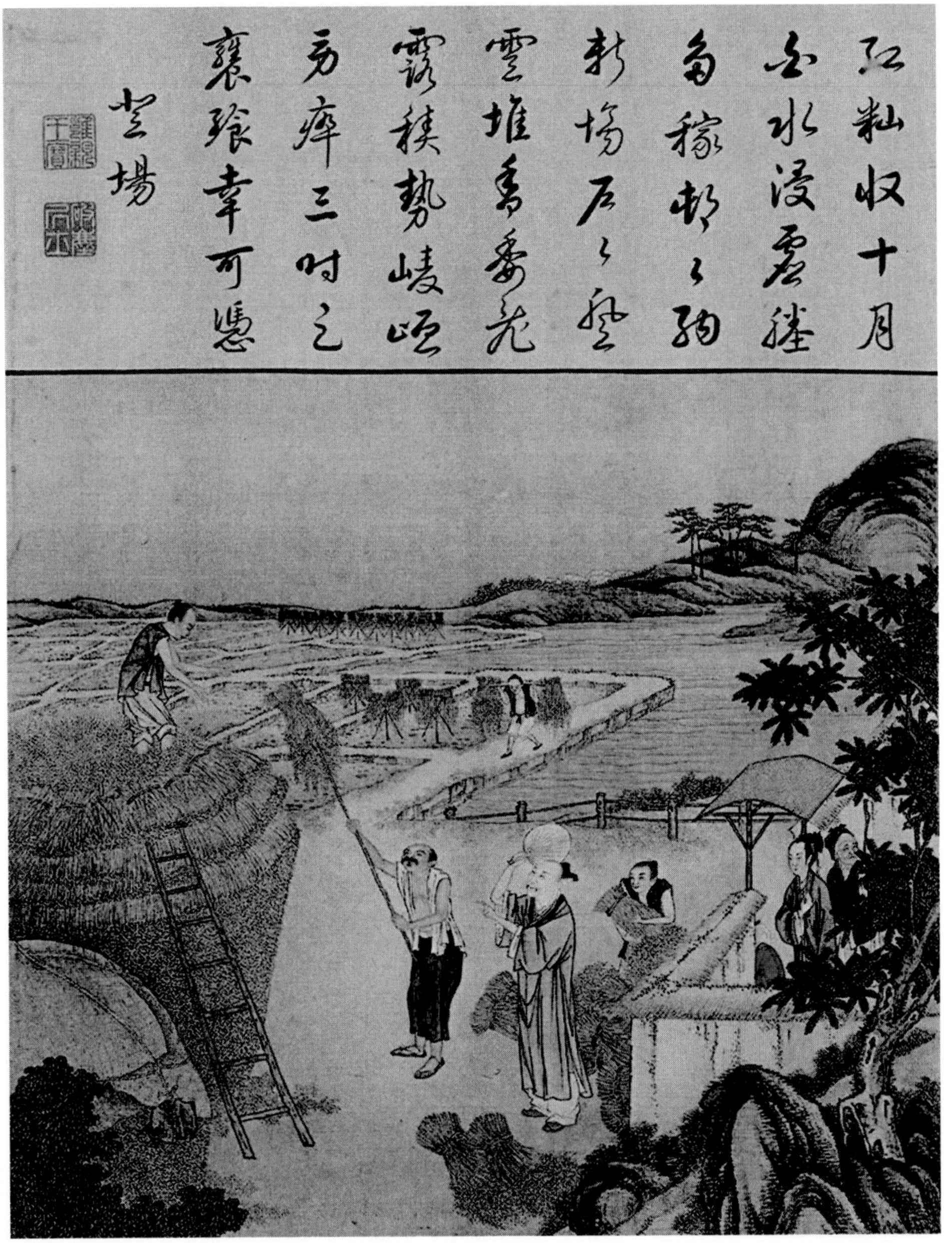

17. 持穗

力田欣有歲，打稻得乾冬。響落連枷急，光浮初日隆。

犬雞亦閒適，飲啄自從容。增得村門色，茨柴傍屋重。

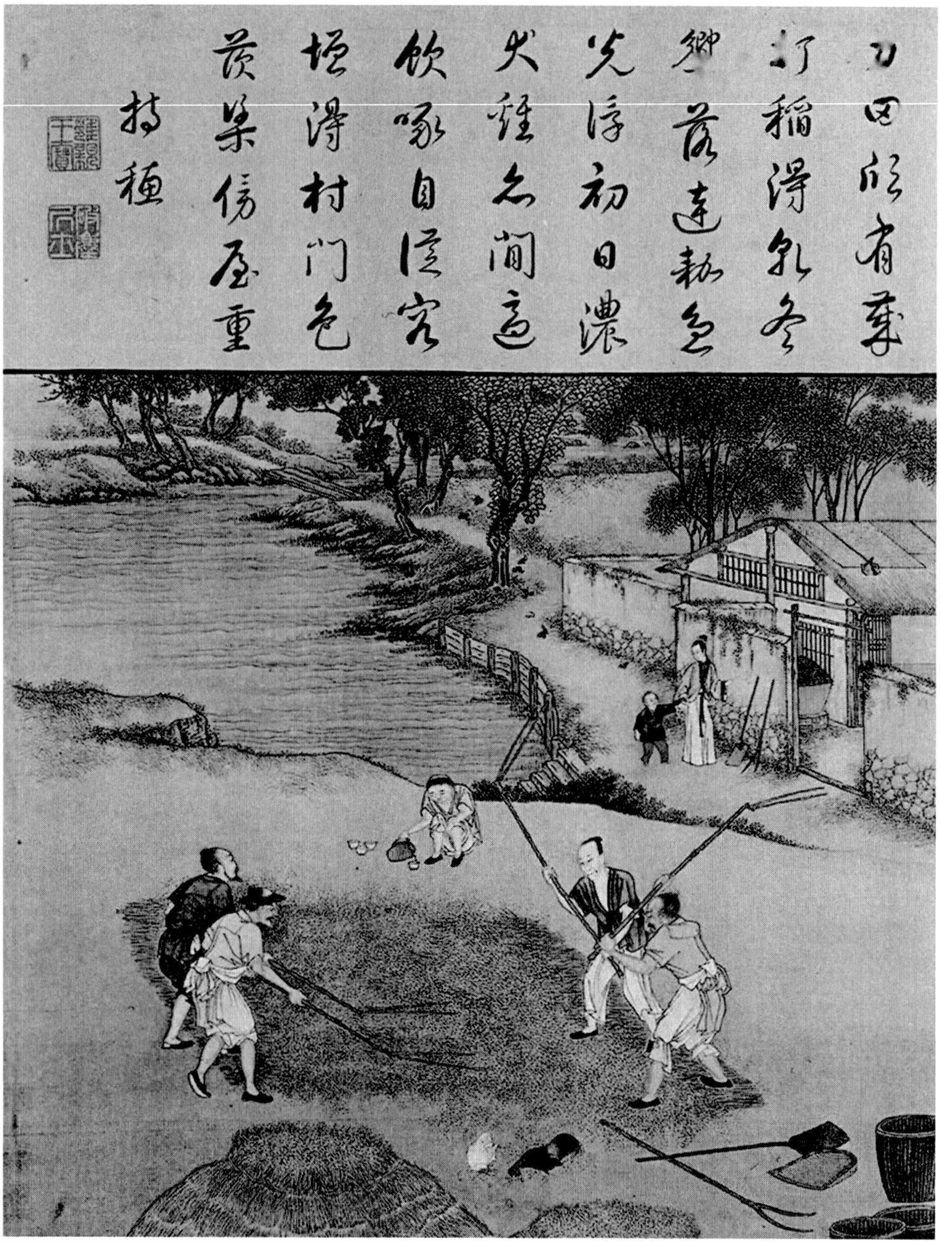

18. 舂碓

野陌霜風早，柴門寒日多。催春遍鄰曲，相杵聽田歌。

顆顆珠翻臼，瑩瑩玉滿籮。兒嬉亦自愛，把握弄摩挲。

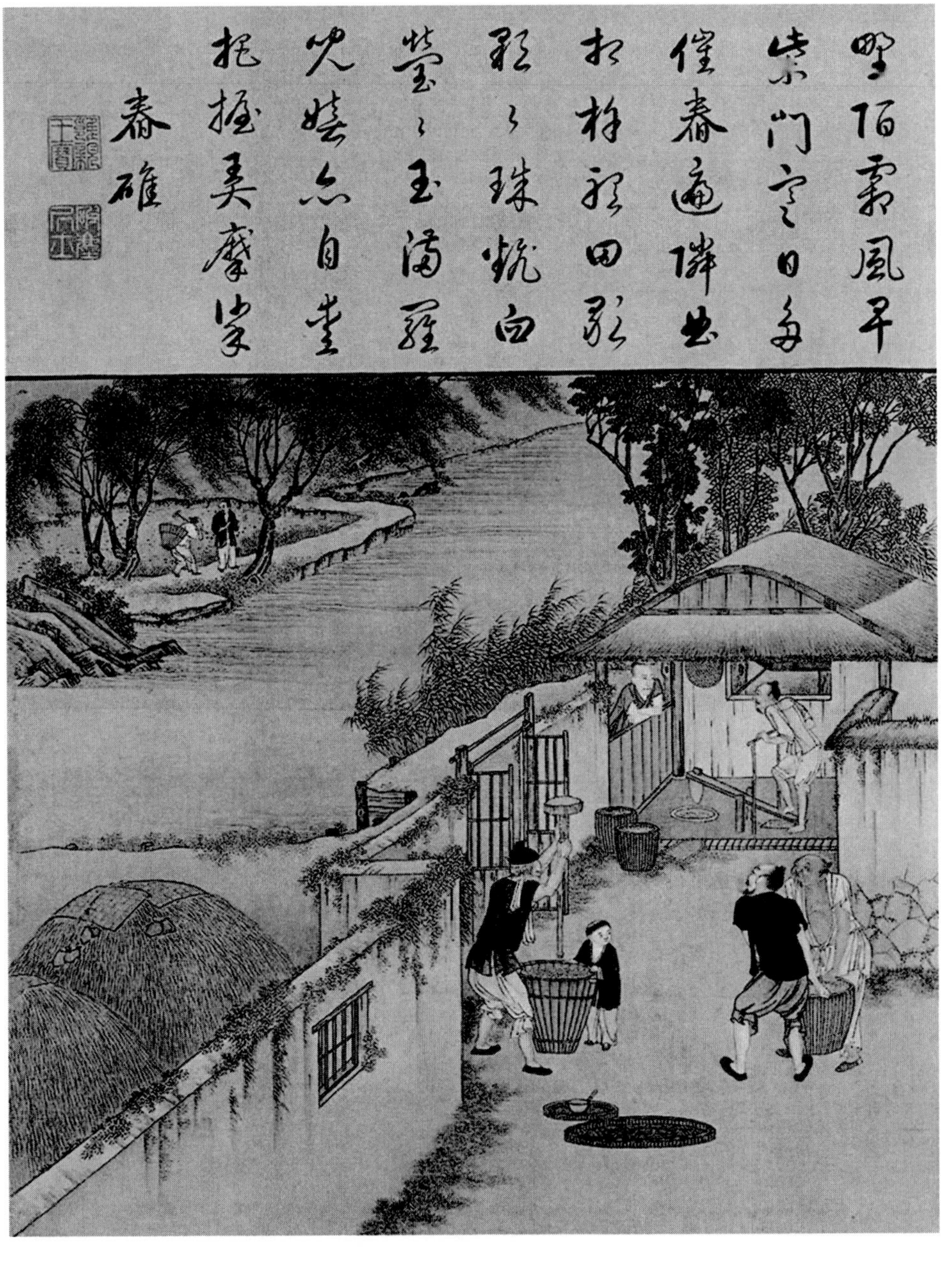

19. 簏

浸米頻求潔，田家亦苦心。篩風無場北，春日更簷蔭。

飽暖忻堪餘，妻孥歡弗禁。香杭看玉粒，膏土勝黃金。

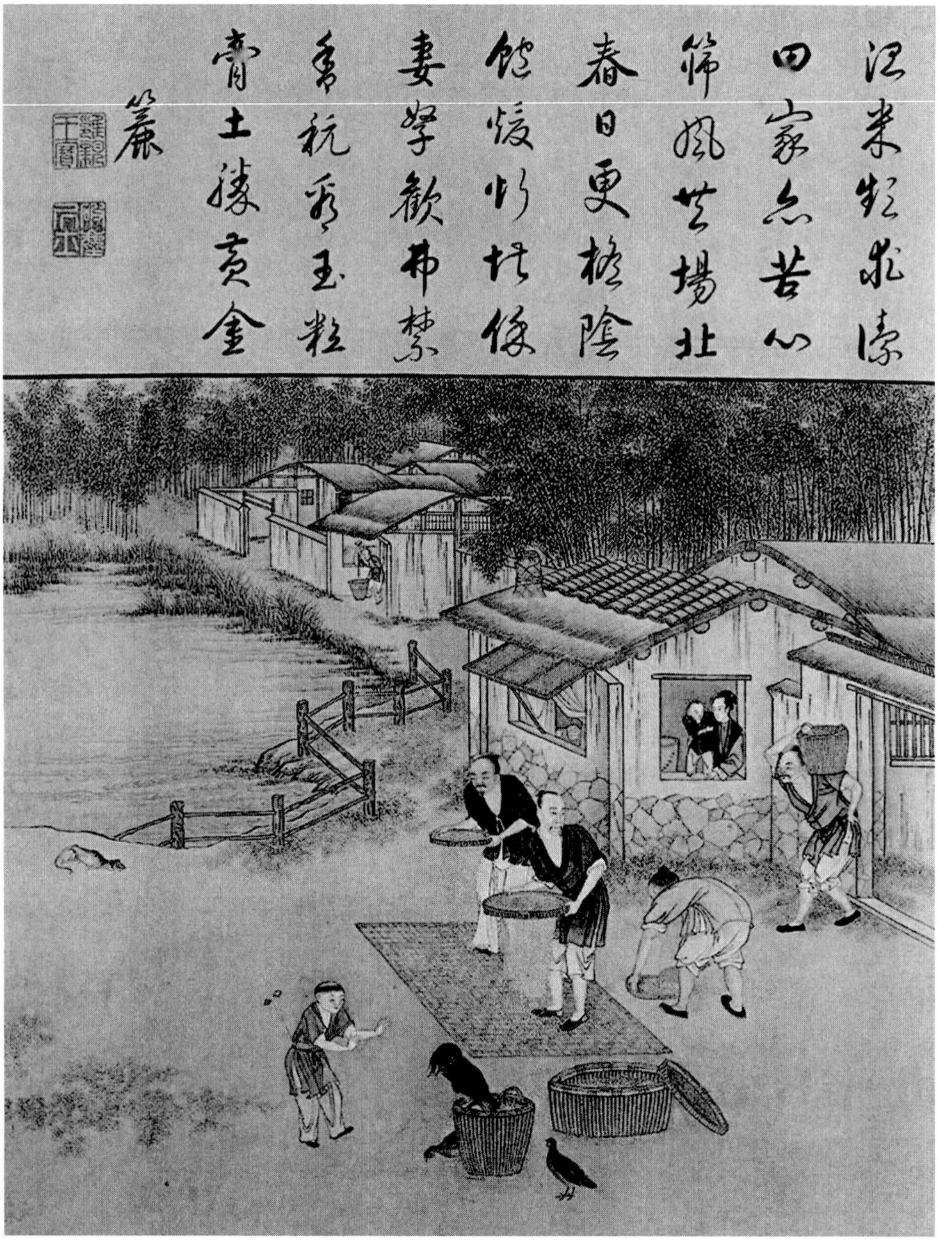

20. 簸揚

朝來風色好，箕斗入場南。敢惜簸揚再，不教糠粃參。

錢量問家室，狼籍戒兒男。好是農家婦，濃妝似弗諳。

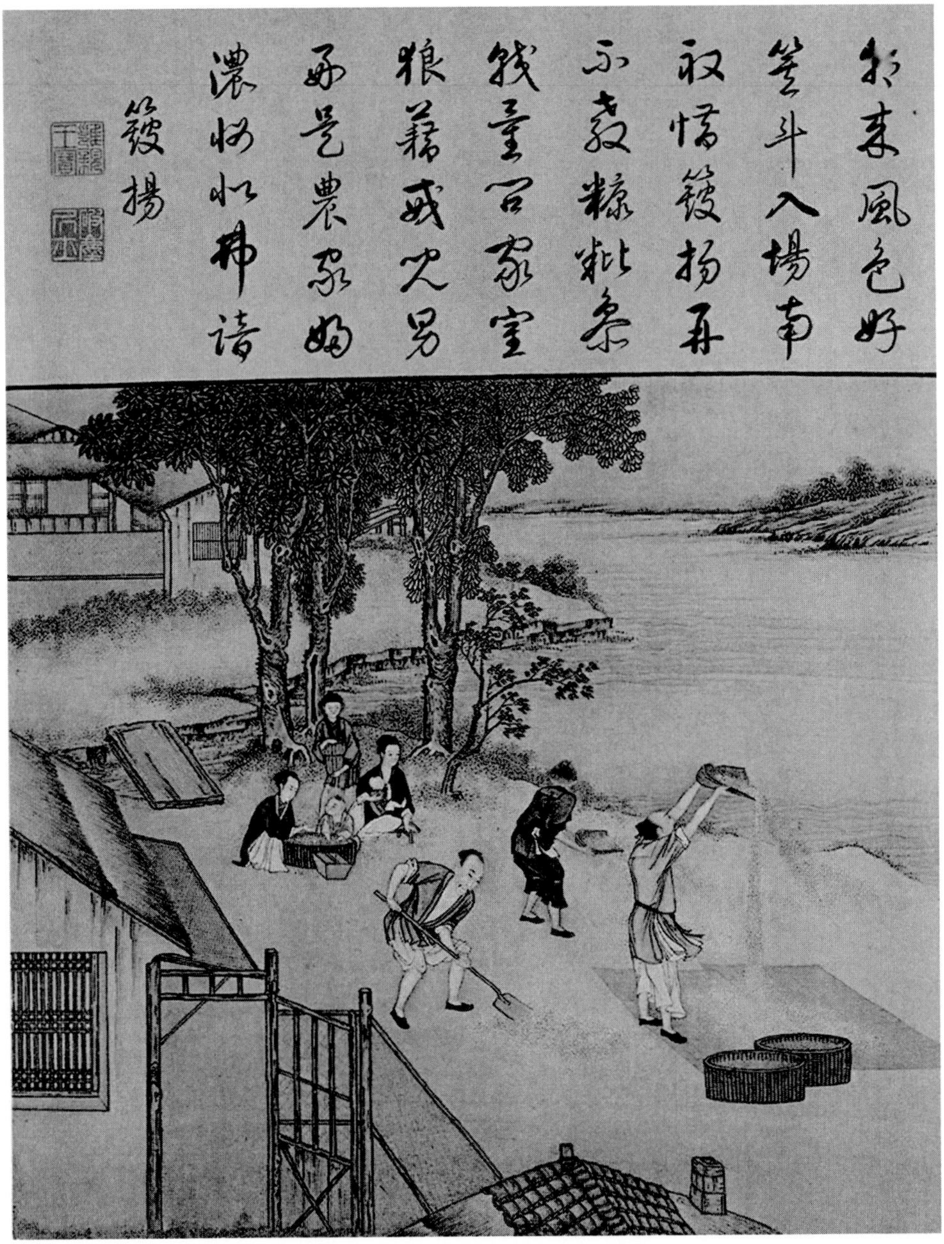

21. 礱

地滿霜痕白，簷飛夜氣青。聲馭礱早谷，鉦沸動柴扃。

玉色委相映，珠光落不停。早春謀室婦，農祖薦朝馨。

22. 入倉

勤勞已周歲，薄善得今朝。千萬敢奢望，倉箱幸已饒。

村廬農有暇，門戶吏無囂。苦念牢牛力，謀傍雨雪瀌。

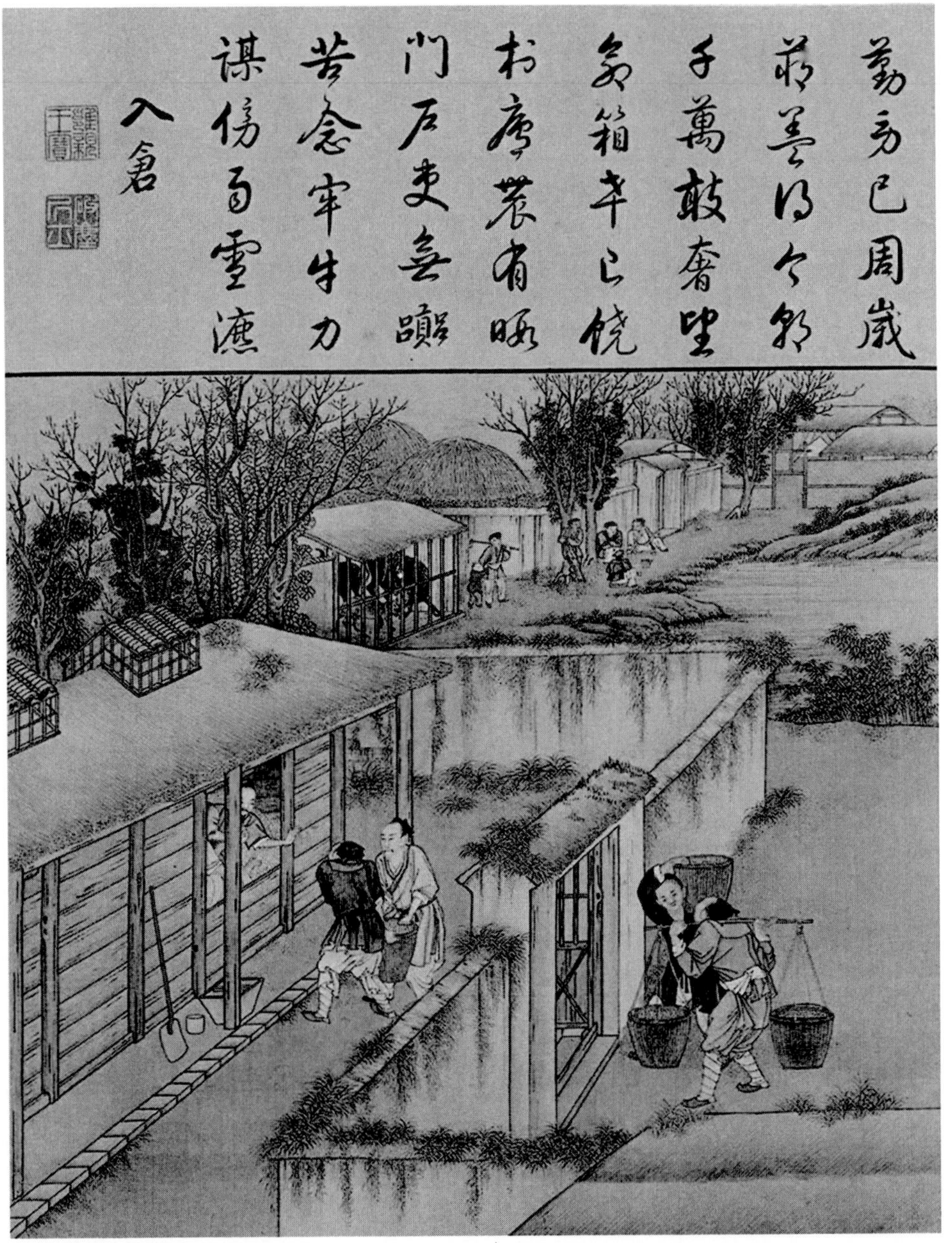

23. 祭神

雨暘蒸帝陰，豐稔賦農愚。鼓賽村村社，神迎戶戶巫。

酒漿瀉罌缶，肴核麗盤盂。敢乞年年畫，穰穰慰我需。

24. 浴蠶

雨生楊柳風，溪漲桃花水。春酒泛羔兒，村閭浴蠶子。
纖纖弄翠盆，蠔蠔下香紙。雪繭與冰絲，婦功從此始。

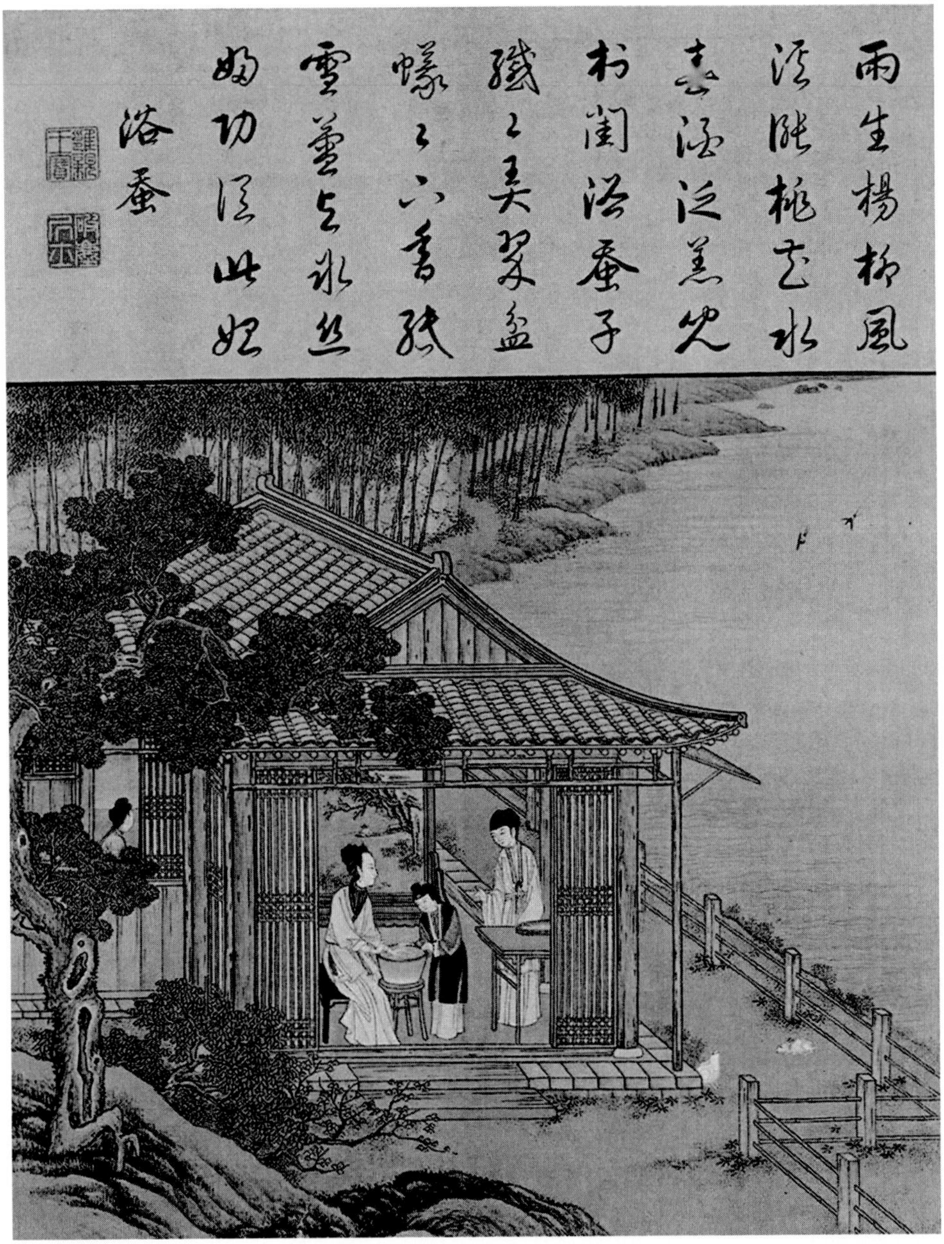

25. 二眠

百舌鳥初鳴，再眠蠶在箔。陌桑青已稠，隄草綠猶弱。

只宜簾日和，卻畏春寒作。婦忙兒不知，提抱橫相索。

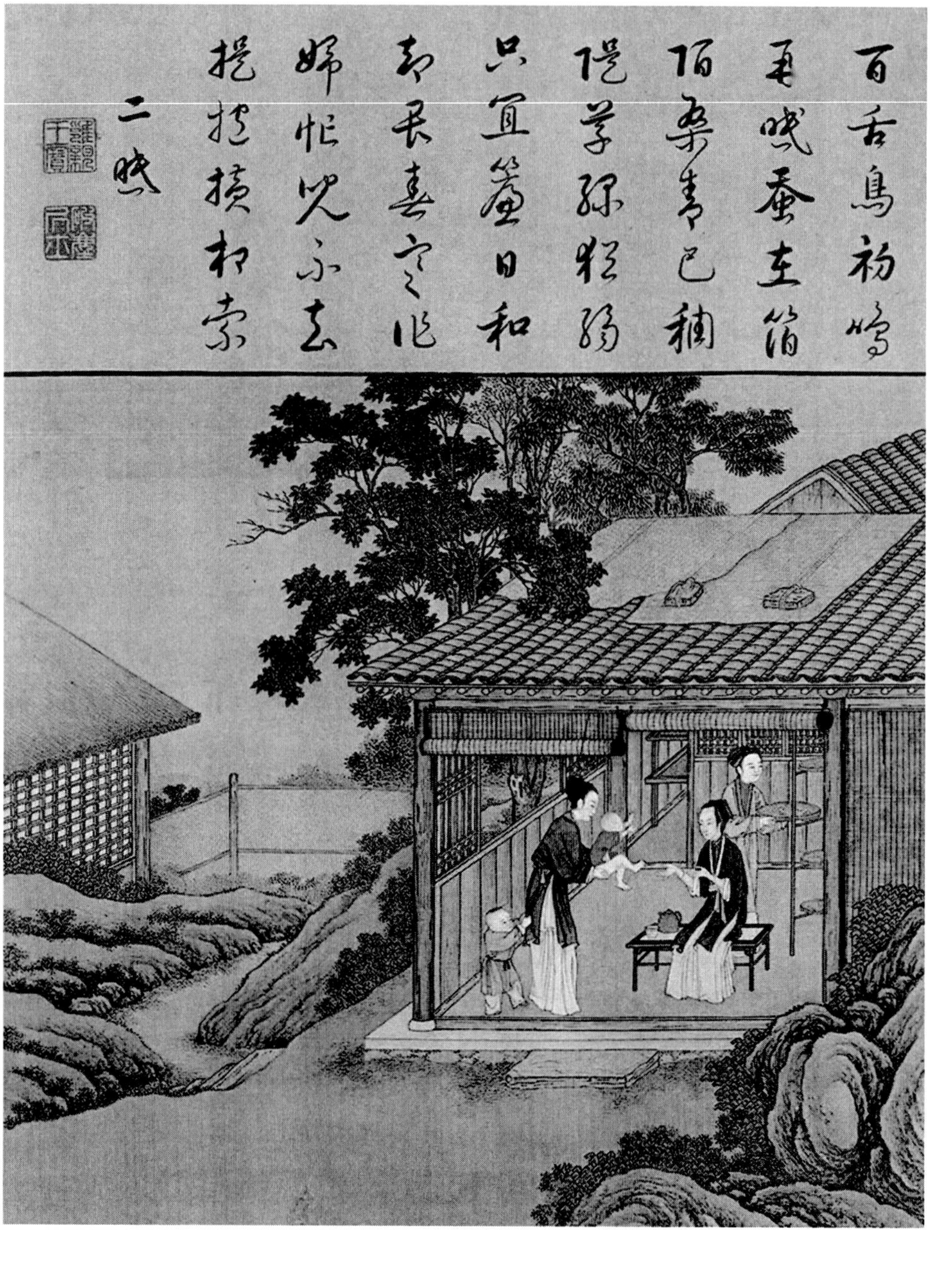

26. 三眠

春風靜簾櫳，春露繁桑柘。當箔理三眠，燒燈照五夜。

大姑夢正濃，小姑梳弗暇。鄰雞唱曉煙，農事催東舍。

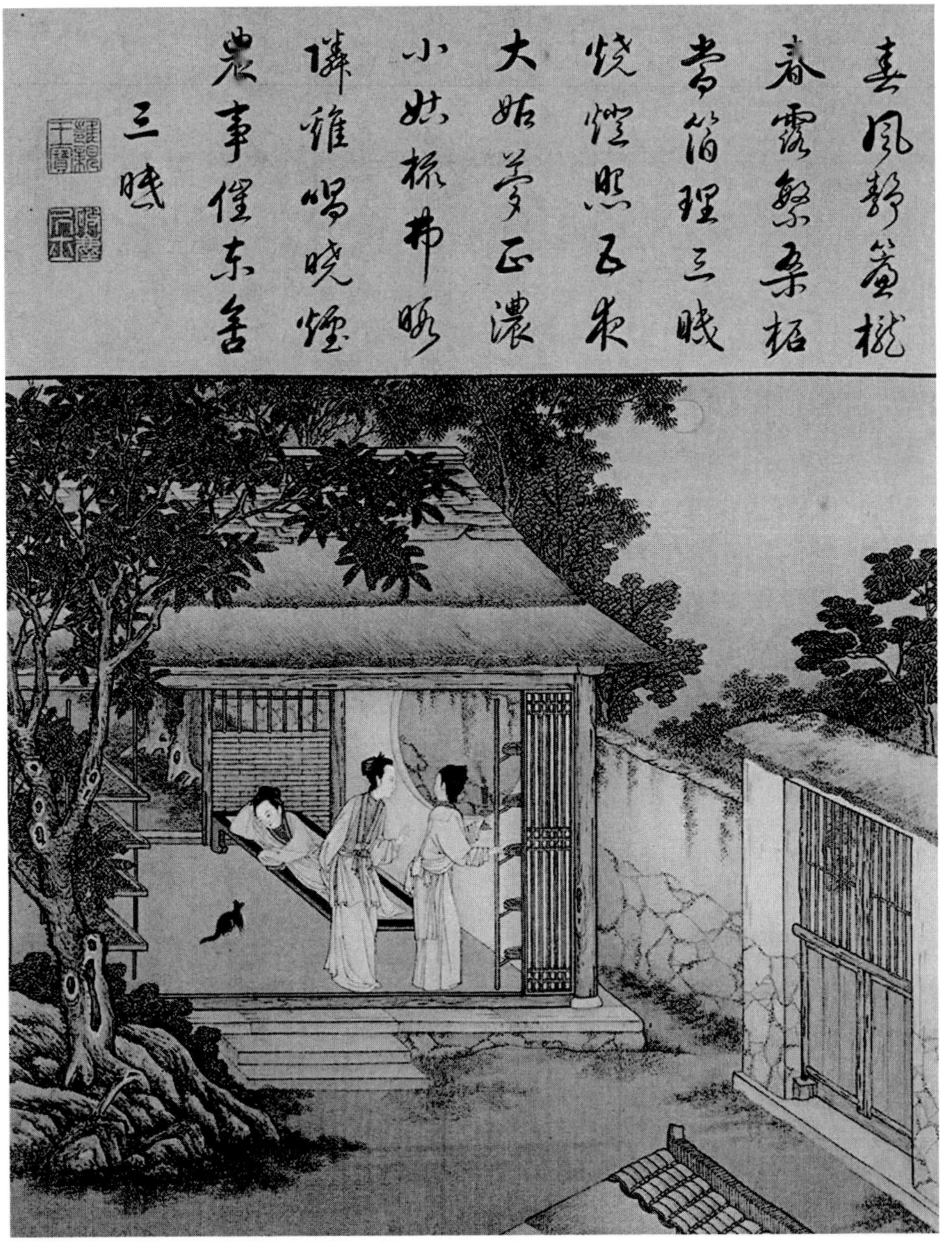

27. 大起

今春寒暖勻，農戶蠶桑好。箔上葉恐稀，枝頭採戒早。
不知春幾深，但覺蠶欲老。誰家紅粉娘，尋芳踏青草。

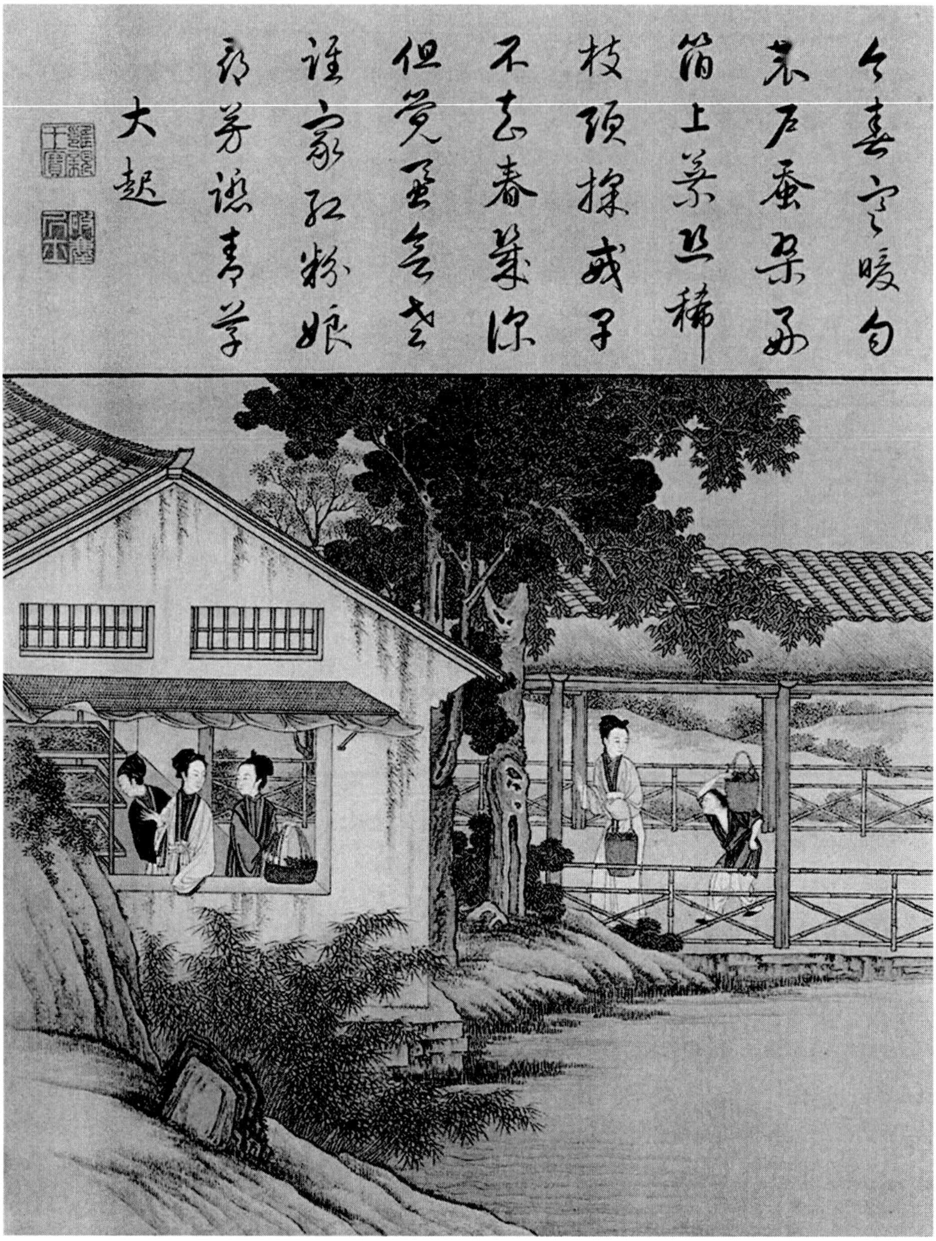

28. 捉績

生熟乃有時，老嫩不使糅。同事姑與嫜，服勞夜繼晝。

火香散瓦盆，星芒入簷霤。次第了架頭，忙忙顧童幼。

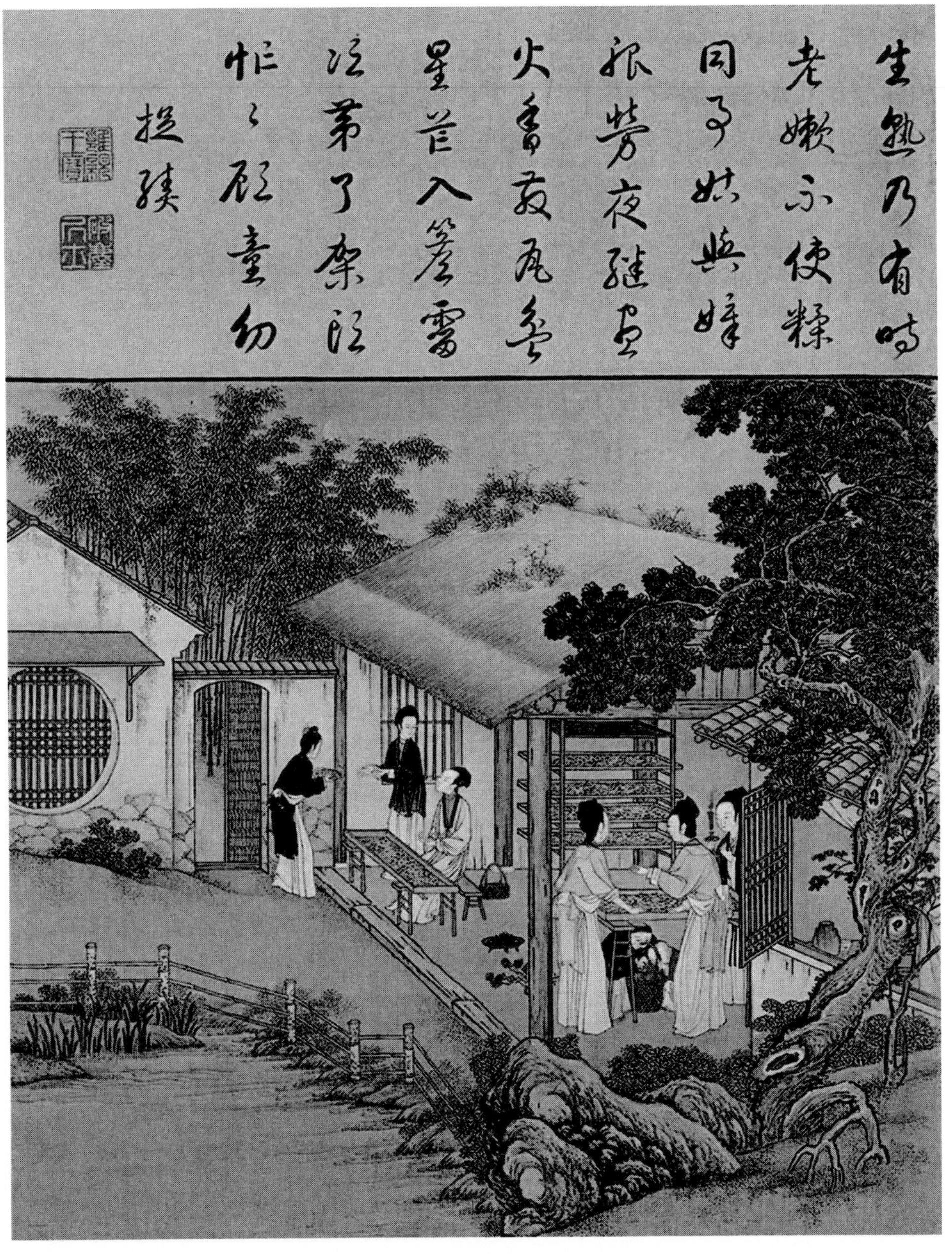

29. 分箔

春燕掠風輕，春蠶得日長。箔分當初陽，葉灑發繁響。

少婦採桑間，攜筐歸陌上。門前麥騷騷，黃雲接青壤。

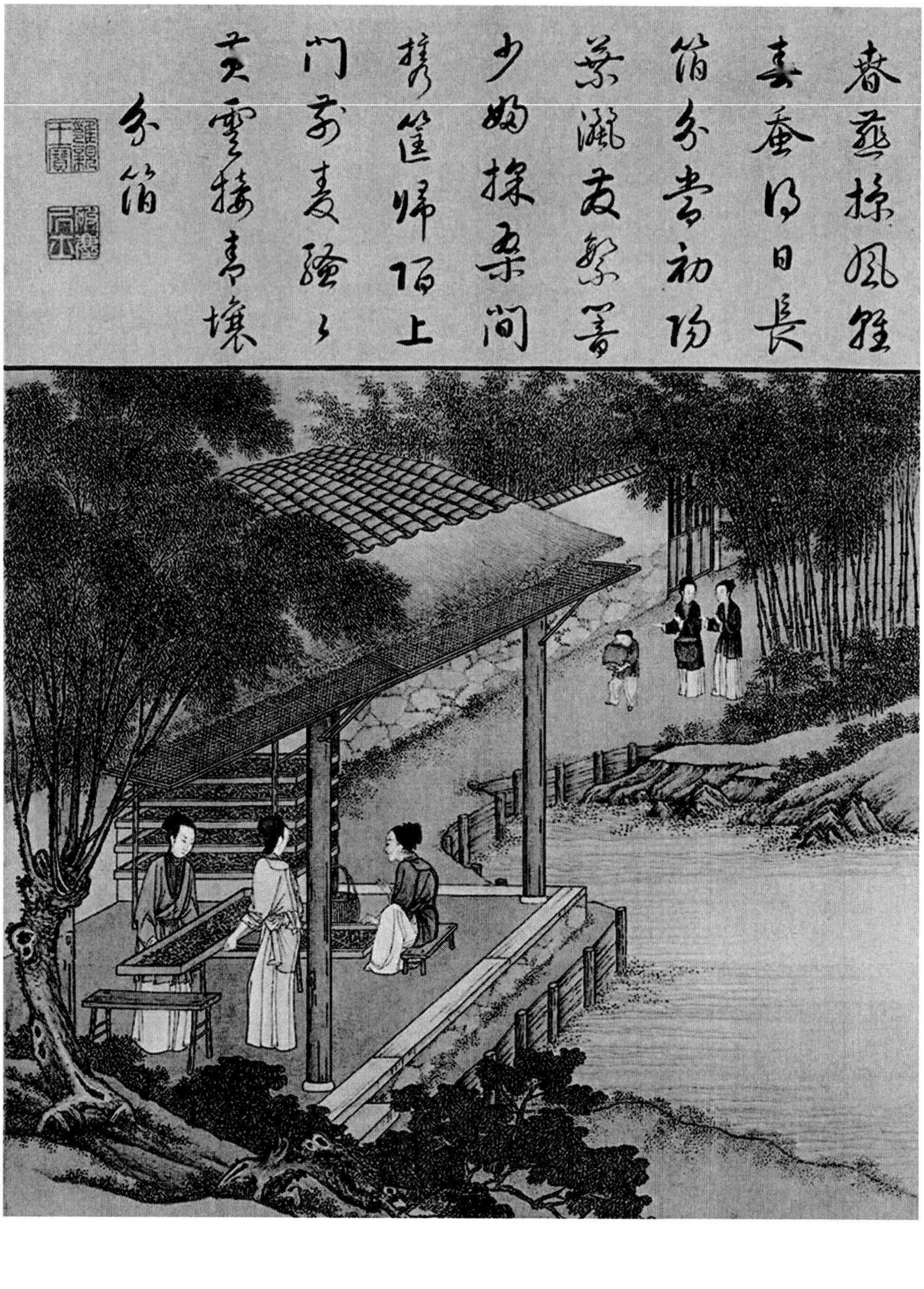

30. 採桑

清和天氣佳，戶戶採桑急。白露繁欲流，綠陰染可濕。

枝高學猱升，葚落教兒拾。昨摘滿籠歸，婦猶嗔不給。

31. 上簇

東鄰已催耕，西舍初浸穀。月高蜀鳥啼，春老吳蠶熟。

委委局雪腰，盈盈見絲腹。剪草架盈筐，女郎看上簇。

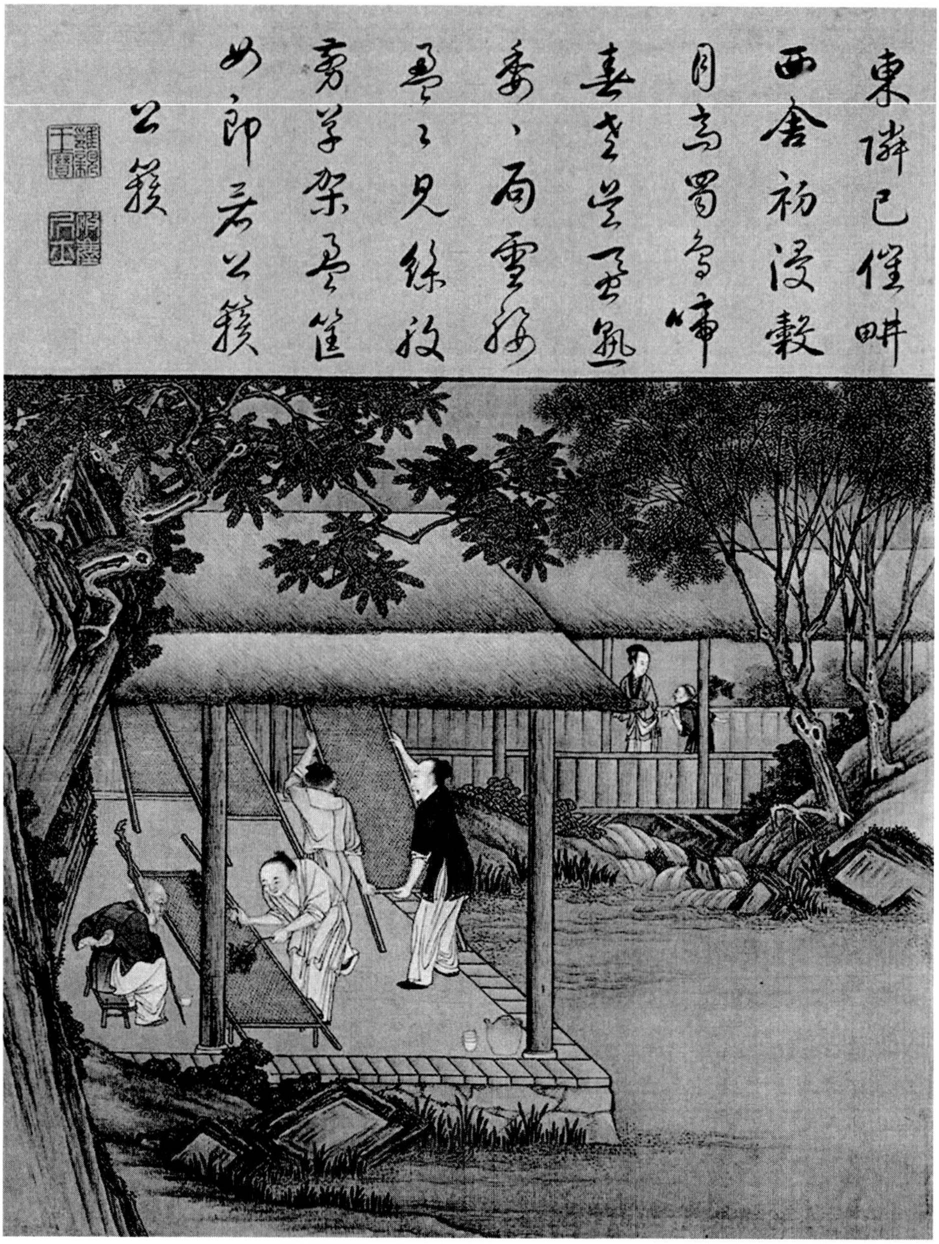

32. 炙箔

春多花信風，寒作麥秋雨。葭簾關蟹舍，松盆煖蠶戶。
香生雪繭明，光吐銀絲縷。村路少閒人，喃喃燕歸宇。

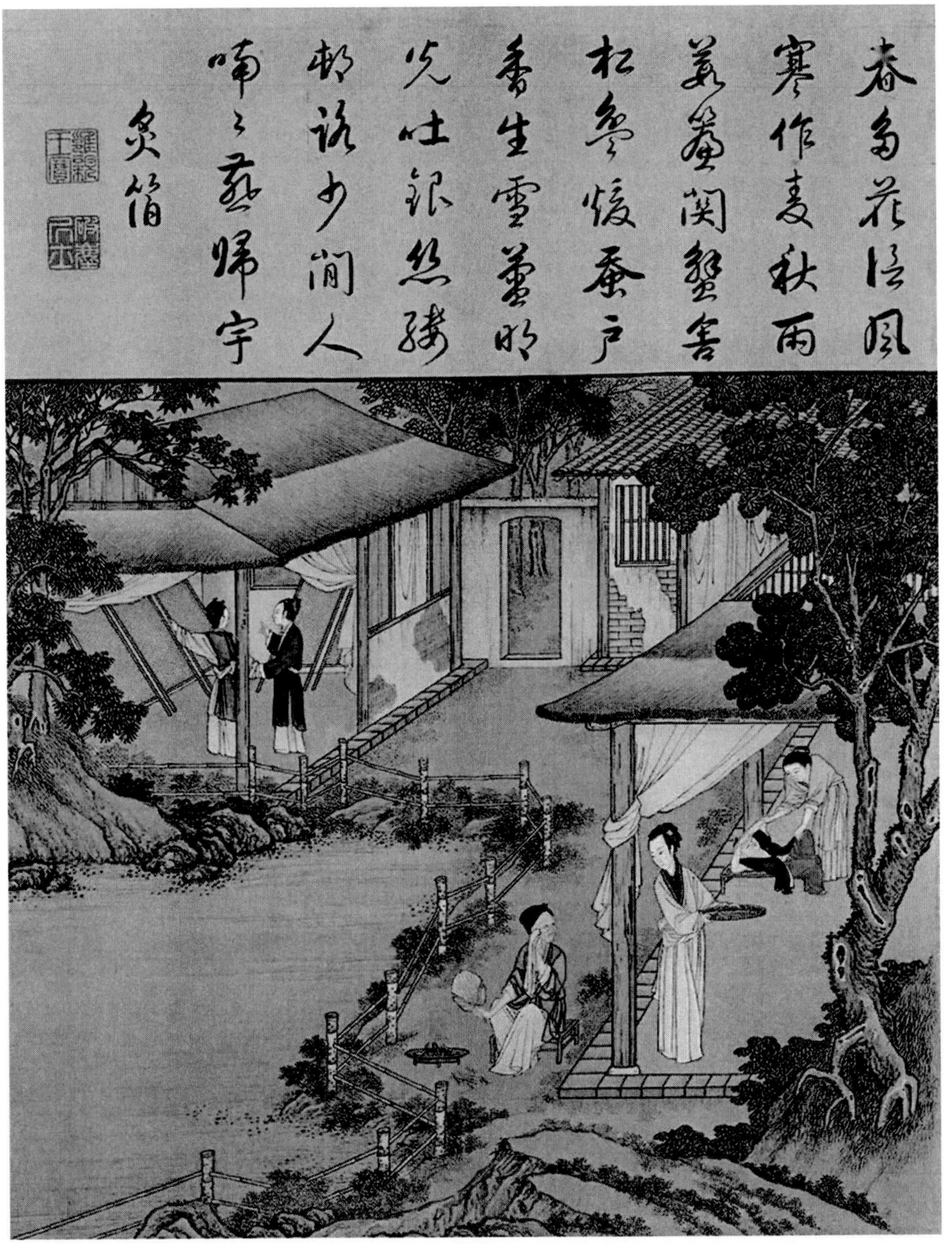

33. 下簇

前月浴新蠶，今月摘新繭。浴蠶柳葉纖，摘繭柳花卷。

膏沐曾未施，風光已暗轉。鄰曲賦勞來，歡情一共展。

34. 採繭

傾筐香雪明，採繭簷日上。著意為絲綸，兼計作綿纊。

率婦理從容，笑兒知瘠壯。更忻梅雨過，插秧溪水漲。

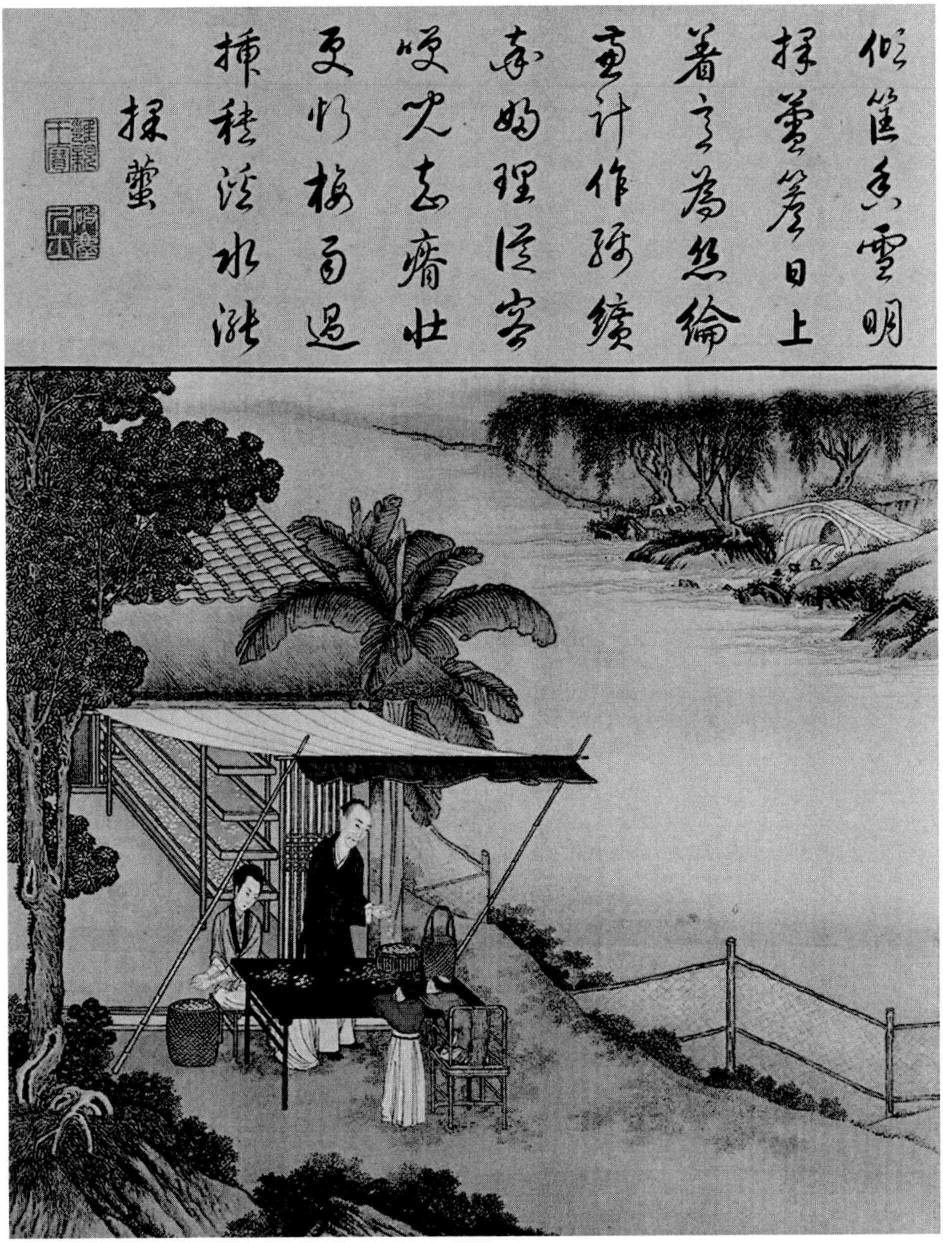

35. 窖繭

梧竹發村居，耒耜安農業。三春課蠶桑，百箔勞婦妾。
紛紛下簇完，忙忙窖繭接。苦辛賴天公，冰雪滿箱篋。

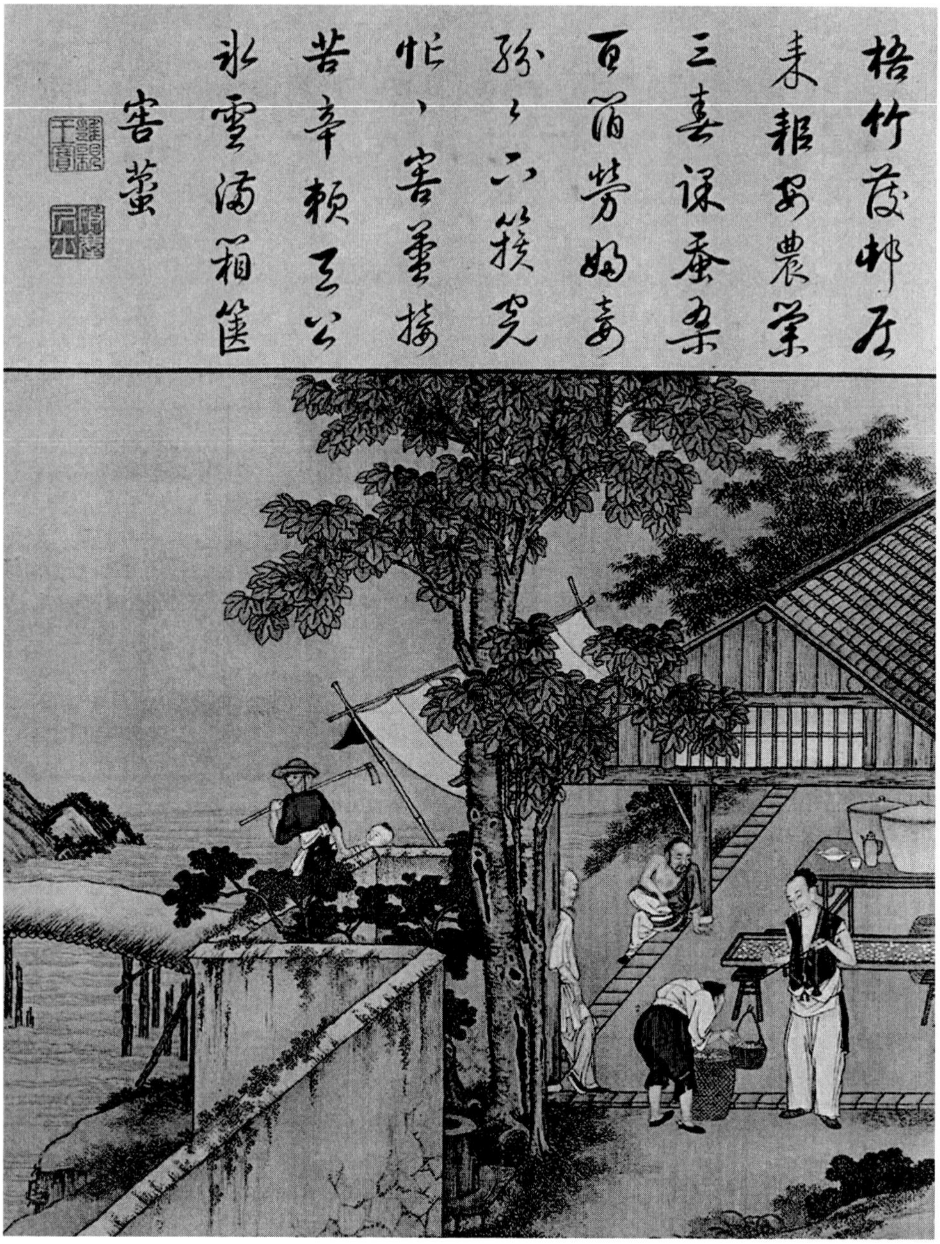

36. 練絲

煙分比屋青，水汲溪前潔。鳴車若卷風，映釜如翻雪。

絲頭入手長，歡動繅絲娘。軋軋聽交響，人行村路香。

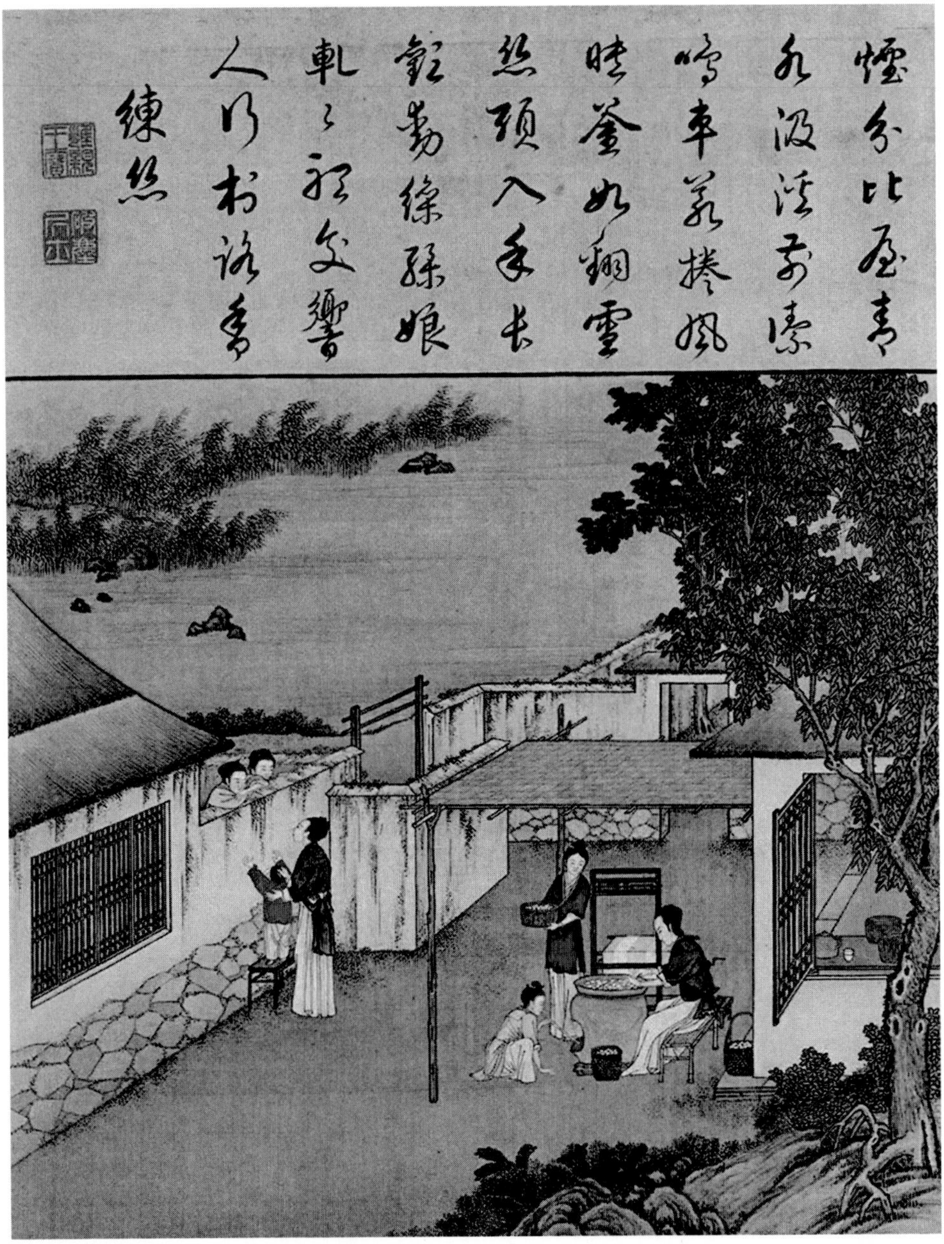

37. 蠶蛾

村門通往來，婦女無忙促。蛾影出藟翩，翅光膩粉渥。

秧葉已抽青，桑條再見綠。送蛾須水邊，流傳笑農俗。

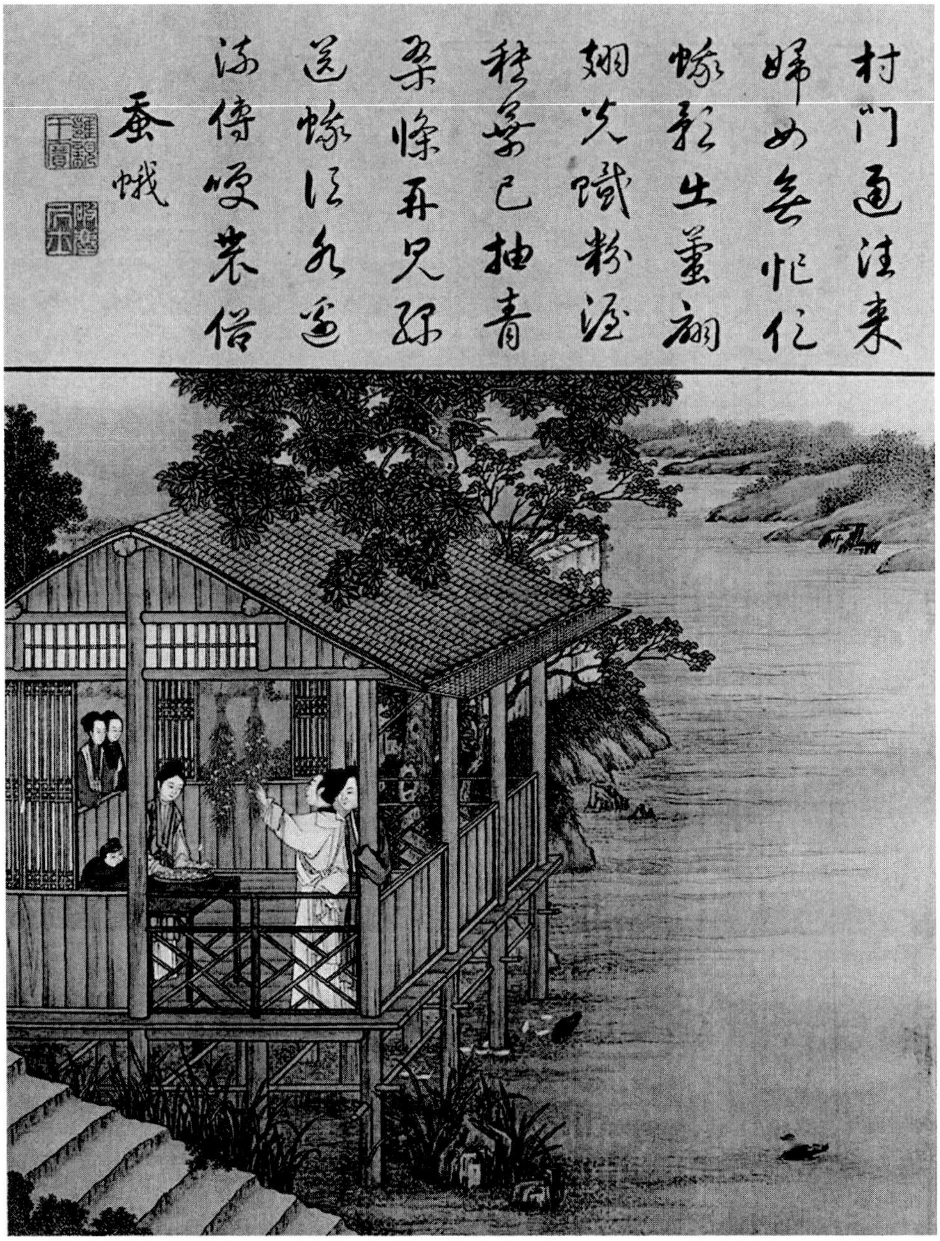

38. 祀神

豐祀報先蠶，灑庭佇來秫。釃酒薦罇罍，獻絲當圭璧。

堂下趨妻孥，堂上拜主伯。神惠乞來年，盈箱稱倍獲。

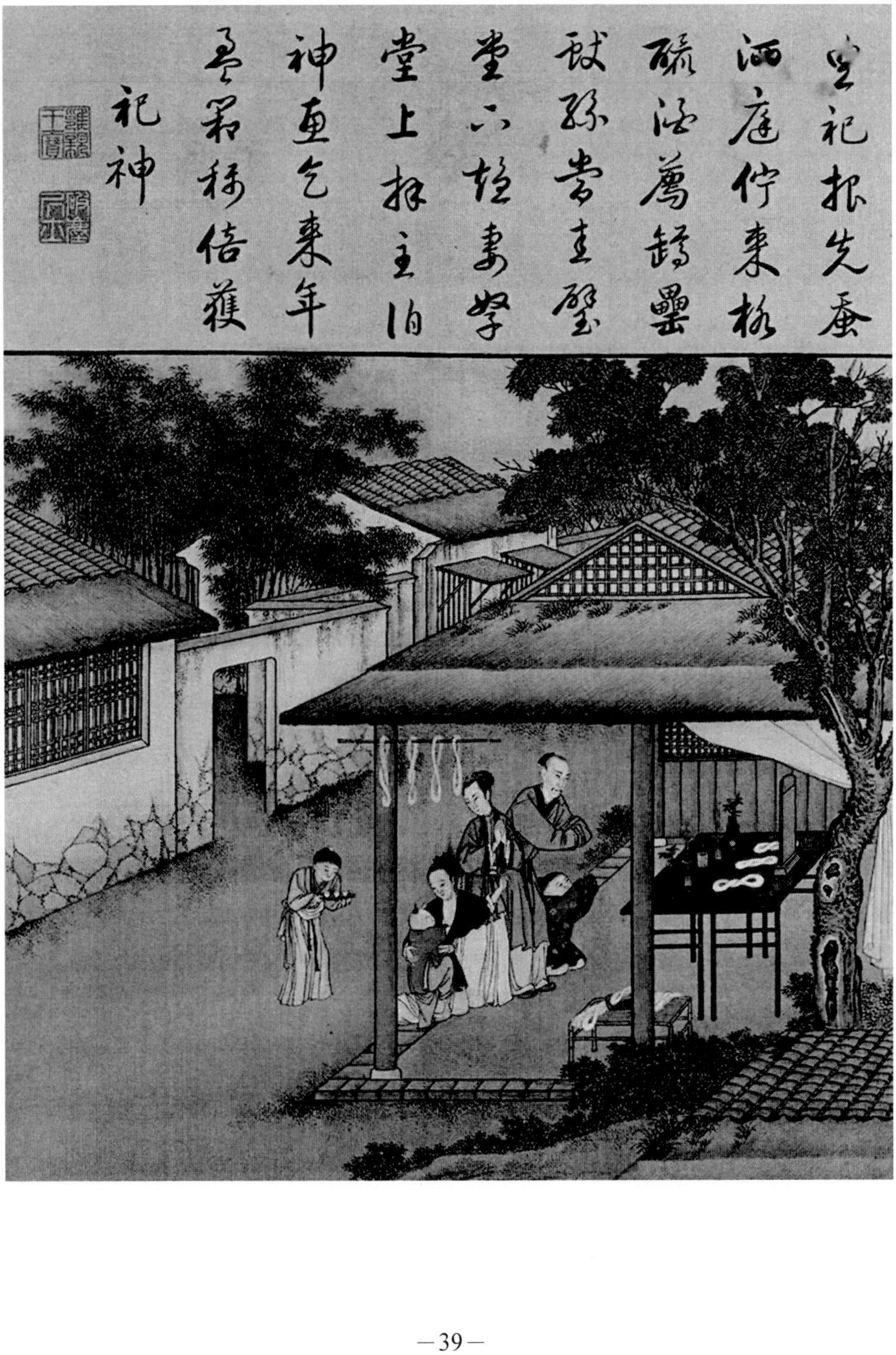

39. 緯

盈盈緯車婦，荊布事素樸。絲絲理到頭，的的出新濯。

當車轉恐遲，坐日長不覺。浣女溪上歸，斜陽指屋角。

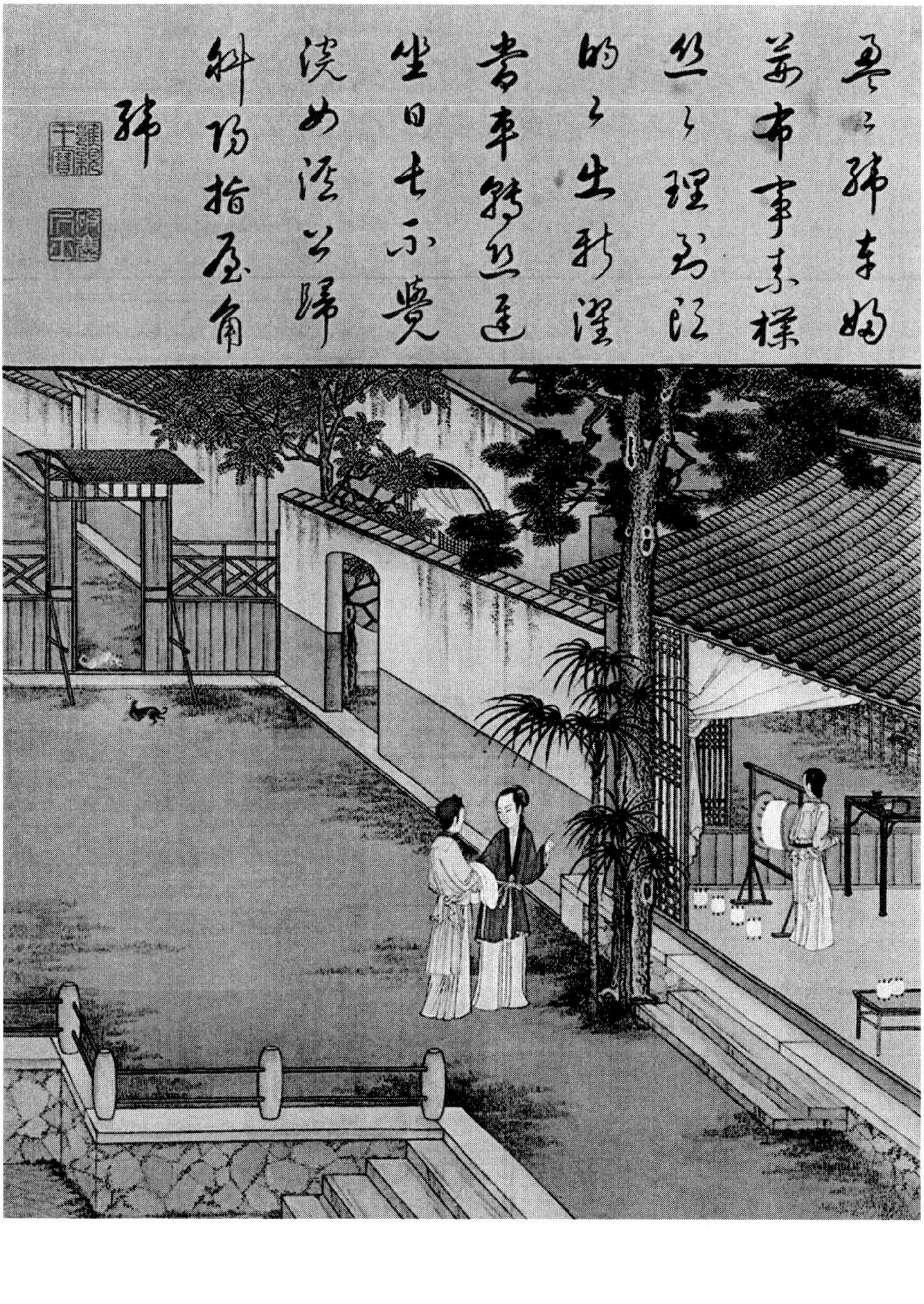

40. 織

一梭復一梭，委委青燈側。明明機上花，朵朵手中織。

嬌女倦啼眠，秋蟲寒語唧。簷頭月已高，盈牎驚曉色。

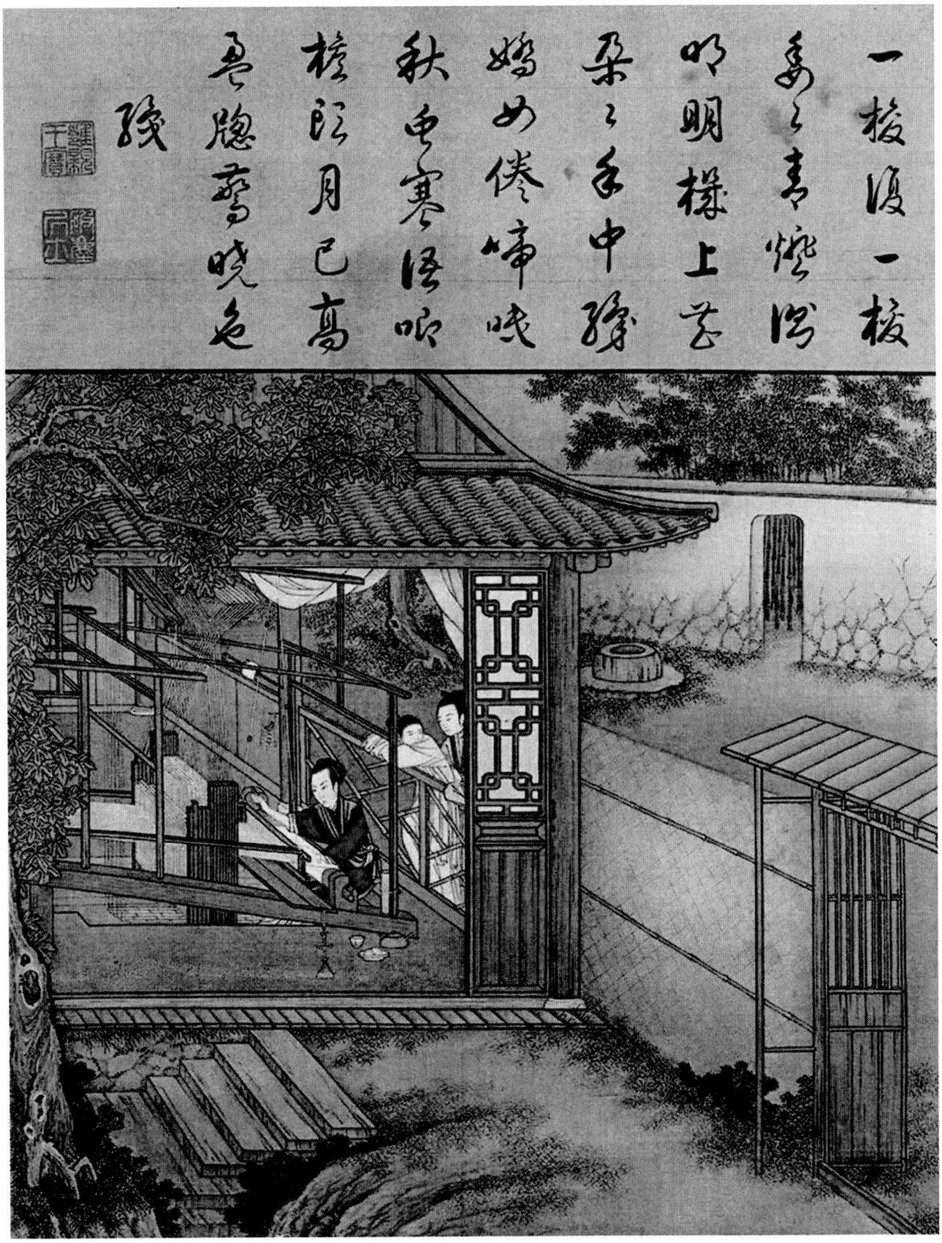

41. 絡絲

女紅亦頗勞，逭惜事宵旰。燈殘絡素絲，篝重苦柔腕。

纖纖寒影雙，沉沉夜氣半。妾心非不忙，心忙絲故亂。

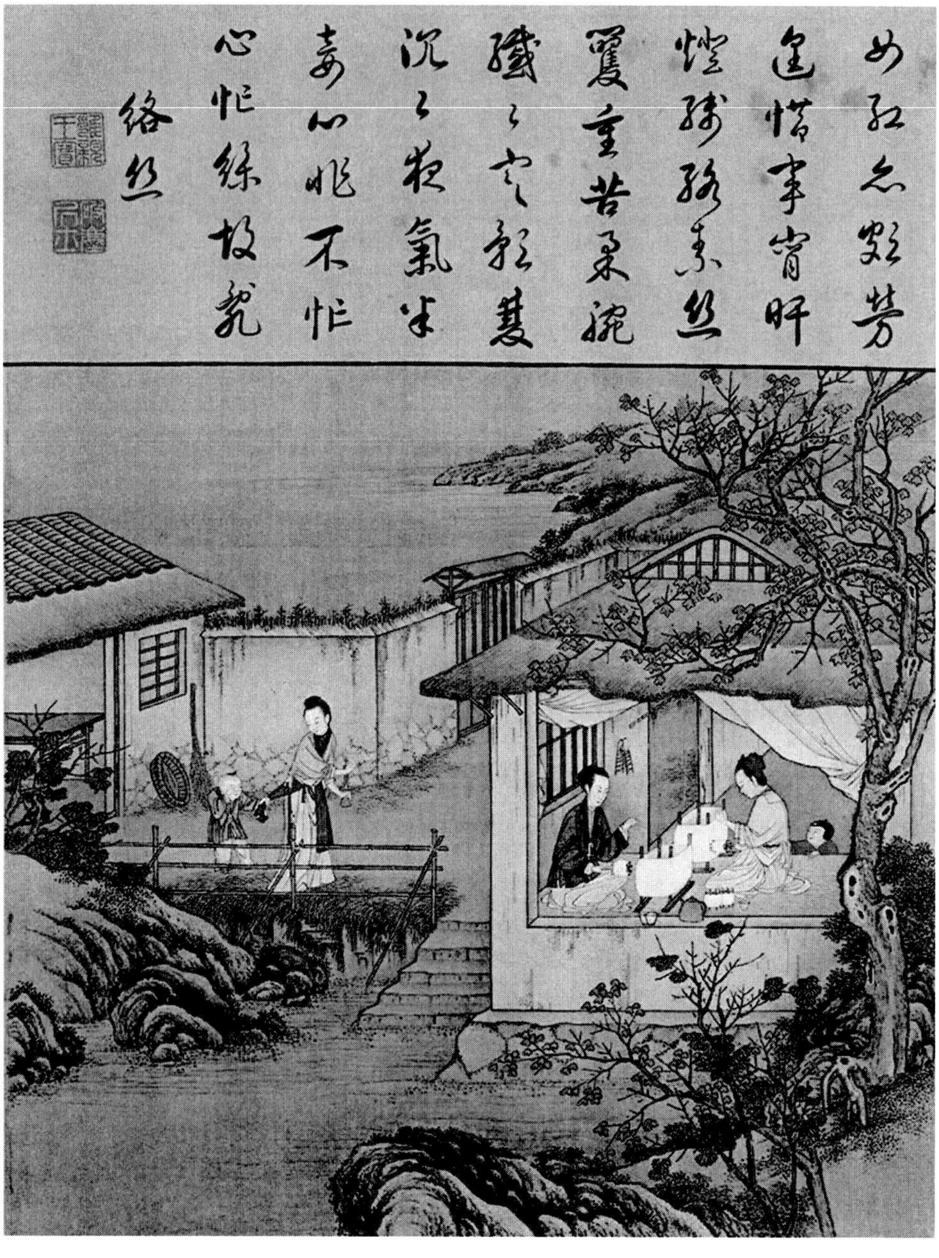

42. 經

昨為籰上絲，今作軸中經。均勻細分理，珍重相叮嚀。

試看千萬縷，始成丈尺絹。市城紈袴兒，辛苦何由見。

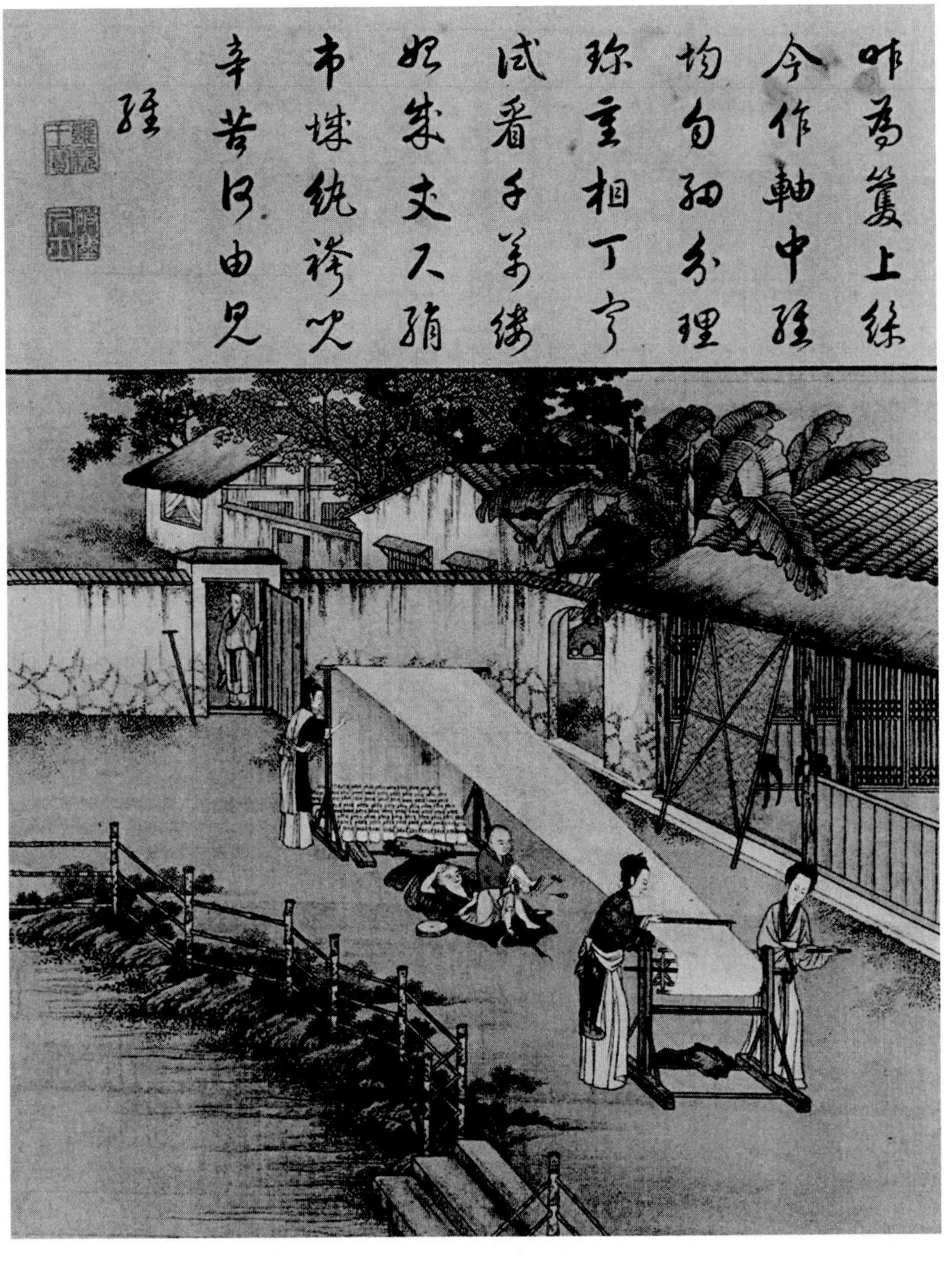

43. 染色

何來五色水，誰運百巧智。抱絲盈把握，臨風染次第。

忽然紅紫紛，爛若雲霞委。好付機上女，梭頭成錦字。

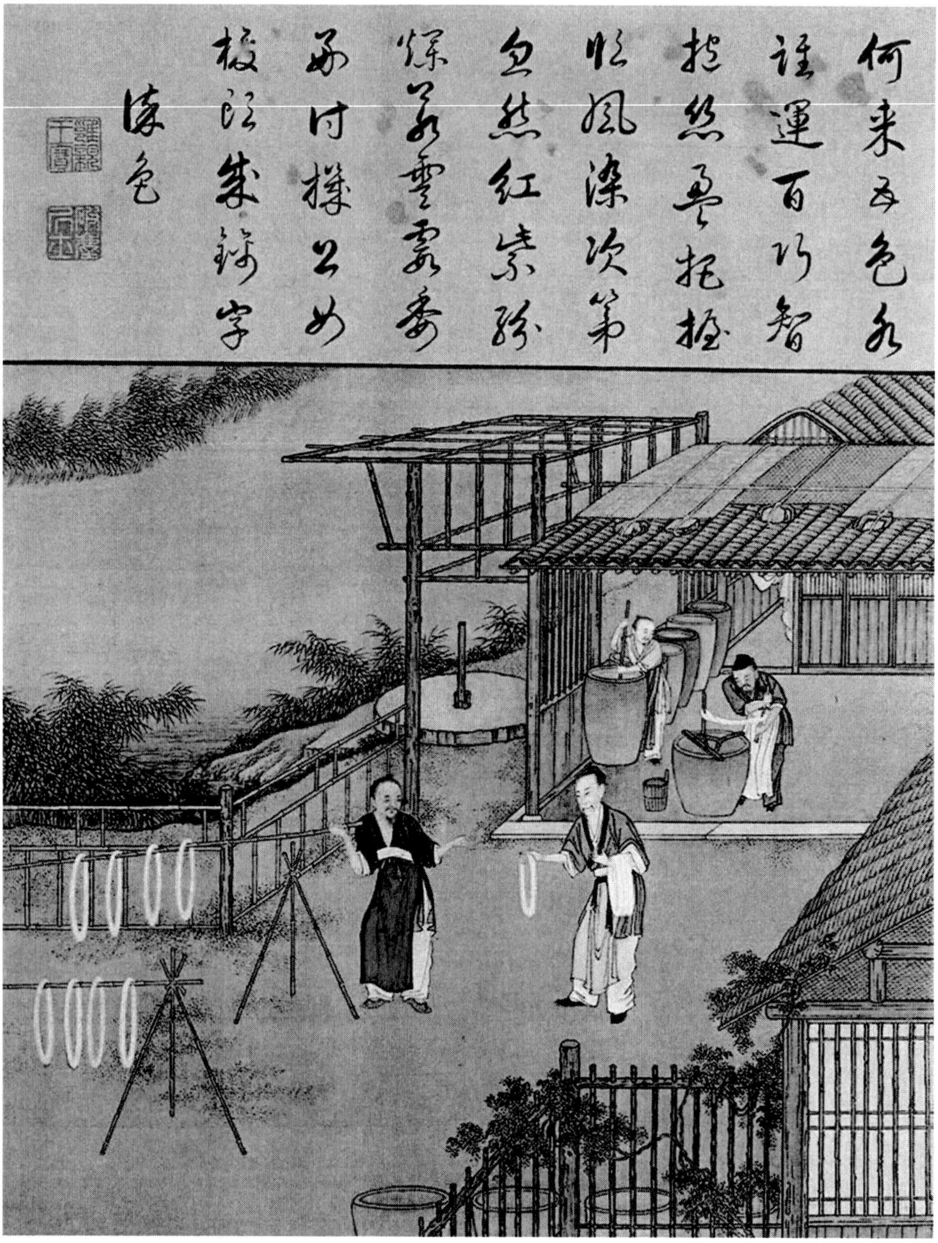

44. 攀花

織絹須織長，挽花要挽雙。花繁勞玉手，絹細費銀釭。

新樣勝吳綾，回文黼蜀錦。不知落誰家，輕裁可惜甚。

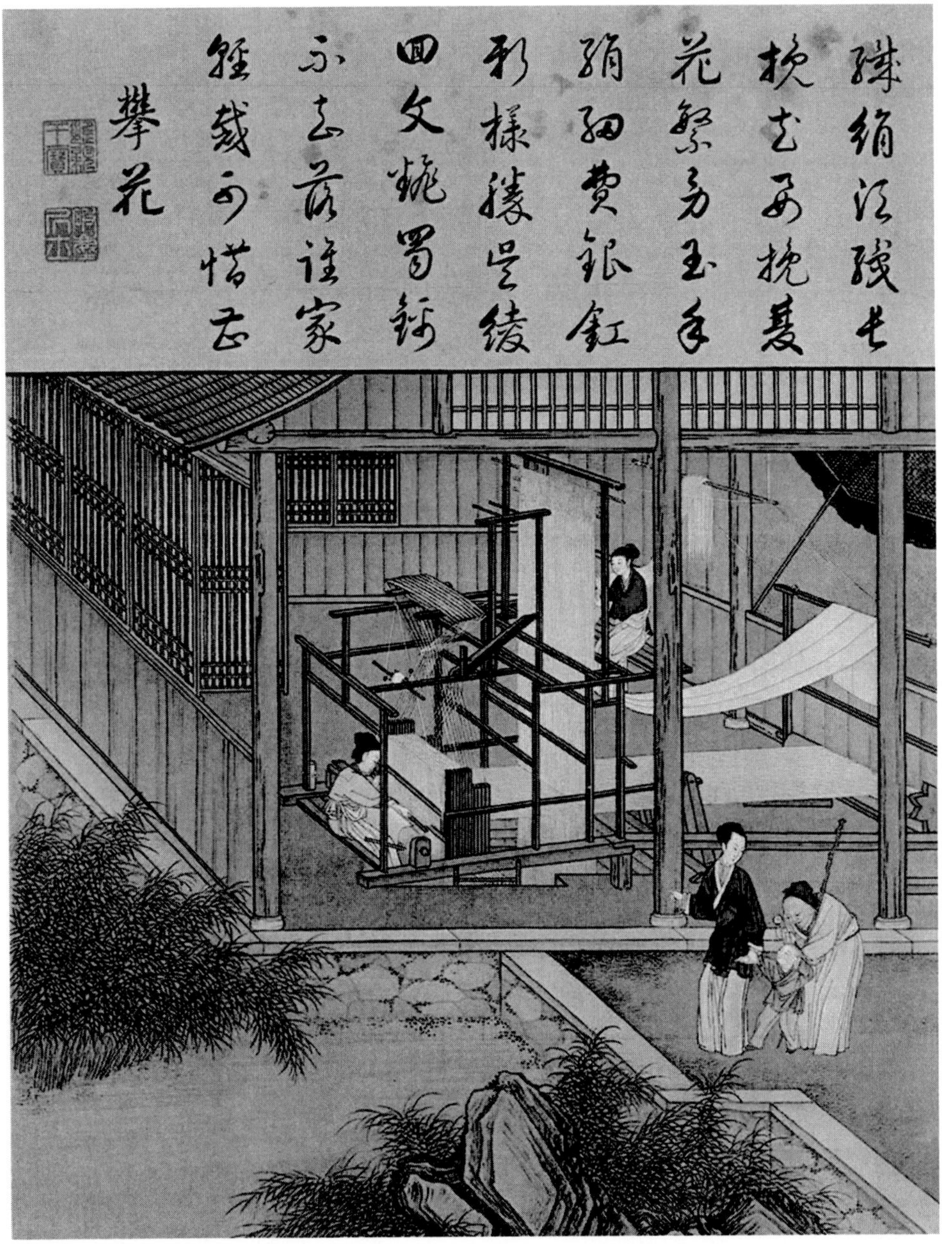

45. 剪帛

千絲復萬絲，成帛良非苟。把尺重含情，欲剪頻低首。

紅裁滴滴桃，青割柔柔柳。姑舅但不寒，妾單亦何醜。

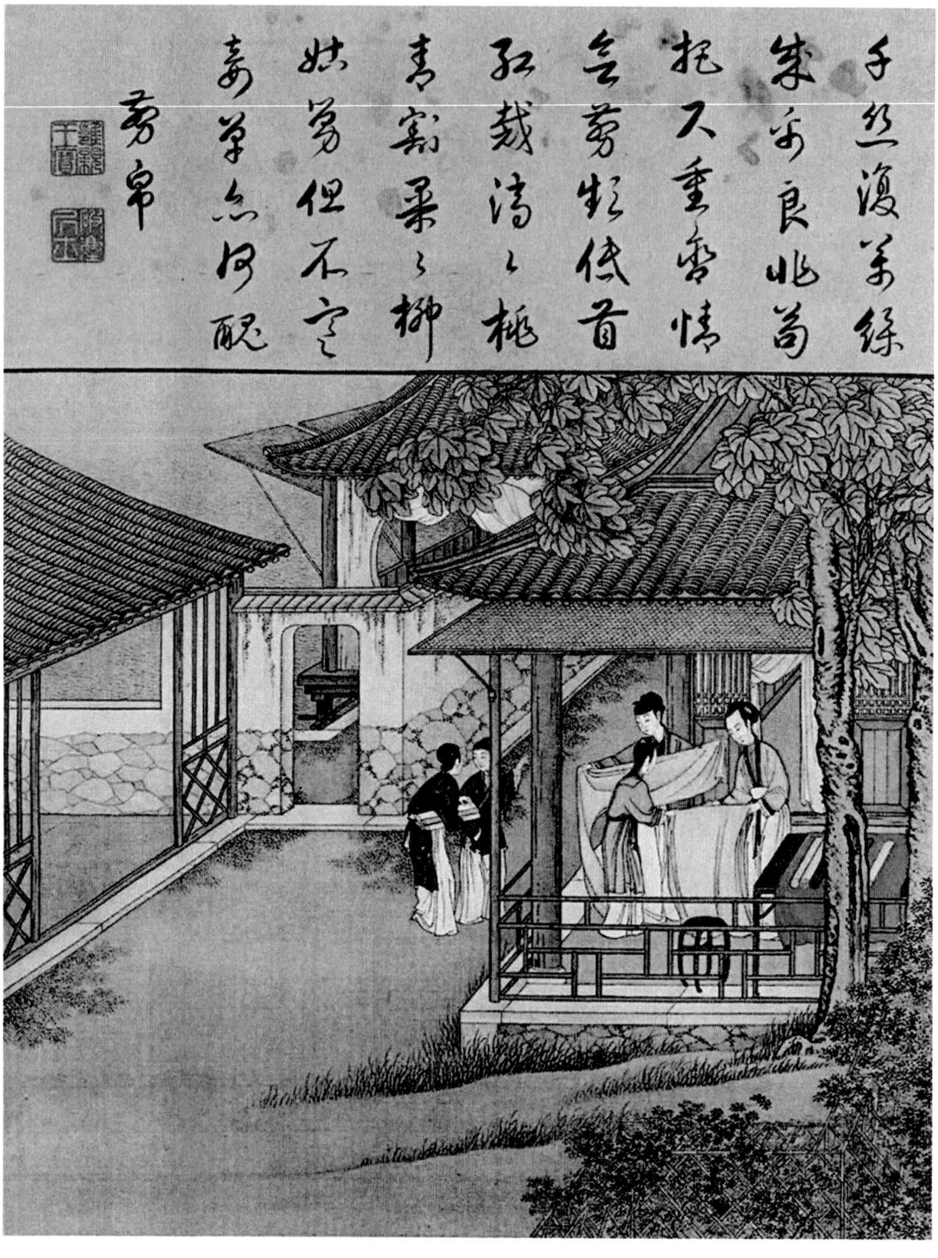

46. 裁衣

九月授衣時，縫紉已難緩。戔戔細剪裁，楚楚稱長短。

刀尺臨風寒，玄黃委雲滿。帝力與天時，農蠶慰飽煖。

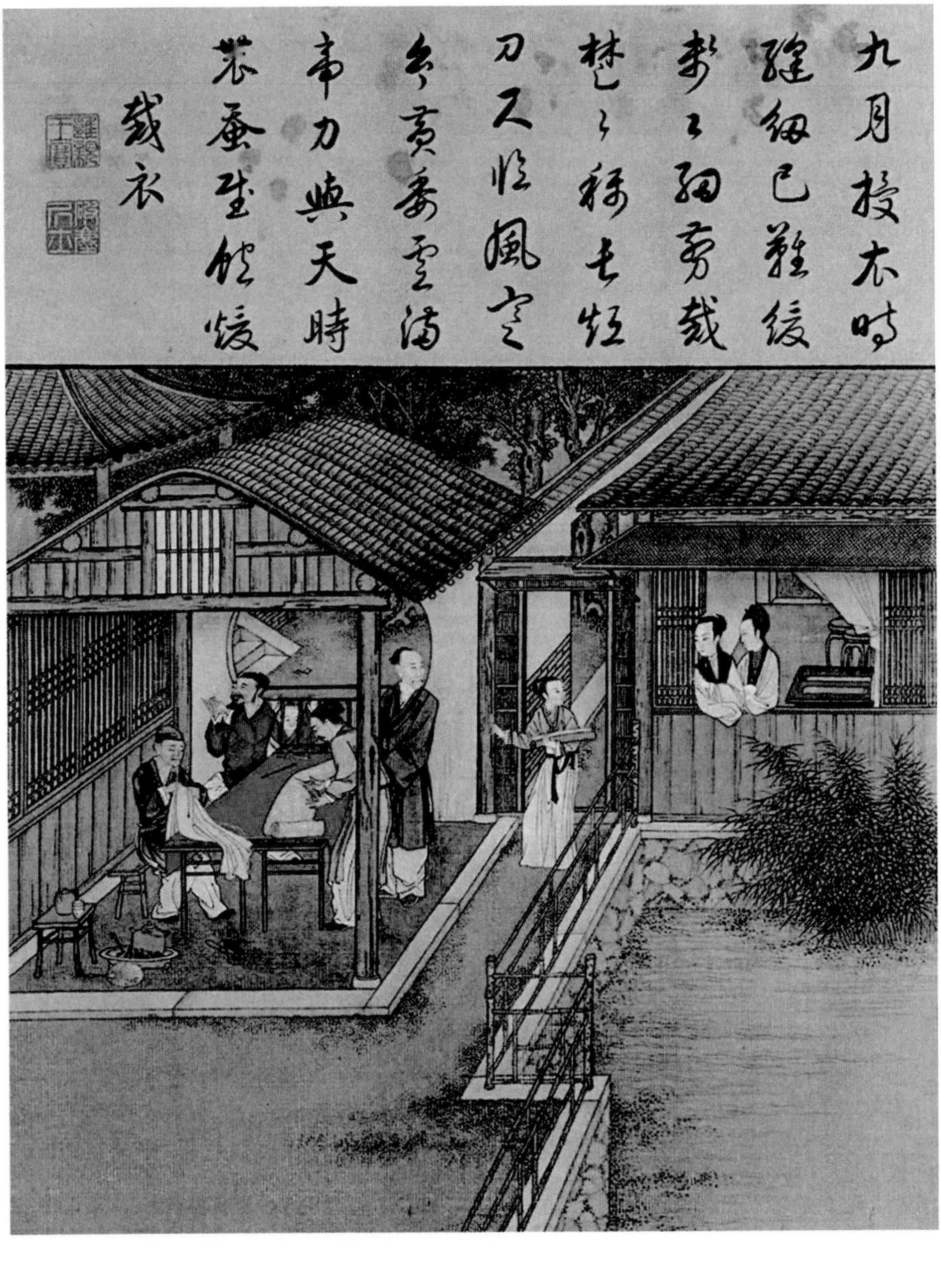

第二部分　乾隆御覽太平歡樂圖

俗名：太平歡樂圖
作者：方薰繪
　　　董棨臨摹
時間：約 1820 年前後
規制：冊頁
數量：100 幅
現存：北京故宮博物院

1. 元旦吹簫

案：浙江當元旦，閭閻稚子俱吹簫擊鼓以為樂，其簫曰太平簫，鼓曰太平鼓，雖仁非雅樂，有幽蠻之風。我朝九奏告成，五音聽治，當春陽之始布，驗民氣之時雍，唐韓愈所謂和其聲以鳴，國家之盛歟。

2. 除夕歡樂圖

案：浙江當歲除，家戶買五色畫紙，黏於壁廇間，其畫有太平，有象圖眉壽福祿圖及和合如意諸圖，總名之曰歡樂。《易林》曰：仁德感應，民安歲樂。《新書》曰：士民歡樂，天下所以長治也。

3. 賣禾苗

案：公羊注：苗者，禾三，生曰苜，秀曰禾。浙江當三四月間，選擇穀之嘉種，以水浸之，使芽播於田，其芽漸長，謂之苗，材農尚買之，謂之分苗，連畦而種，謂之插苗，務本富也。

4. 賣桑葉

案：俞宗本《種樹書》：浙地植桑，剪其葉而植之，謂之家桑。今杭嘉湖諸郡，腴壤皆栽桑，蠶時需其葉，村市中新綠壓擔。《吳興掌故》云：良地一畝可得葉百十個。《俗呼小錄》云：湖州以桑葉二十觔為一個。

5. 賣蠶繭

案：《爾雅》：蠶食桑葉而作繭，名曰桑繭；食樗葉而作繭，名曰樗繭。其餘曰欒繭，曰蕭繭，多因食之葉而名之也。浙江之惟食桑，皆桑繭，採摘之後，其不善操織者則鬻之，絲細者良，粗者次之。

6. 賣蠶絲

案：湖州之絲，好於他郡。《西吳里語》曰：湖州之絲有頭蠶、二蠶。頭蠶為上，細而白者謂之合羅，稍粗者謂之串五，又粗者謂之肥光。四五月間，繅車既停，皆攜絲人市貨賣。元馬祖常《繅絲行》曰：田家婦姑喜滿眉，賣絲得錢買冪籬。情景宛然。

7. 賣豆餅

案：《禮記・月令》注：薙，芟草也，琉：以水漬之即草爛，可壅苗。夥肥也。蓋古製壅田俱用草，故《周禮》薙氏注《月令》無異。今浙人率不用此法，有以菜籽、豆子壓去油，取渣滓作如餅式，謂之菜餅、豆餅，農人市之以壅田，肥而不穢。

8. 賣水芹

案：《詩》言：薄采其芹。《爾雅》：芹，楚葵。郭注：今水中芹菜也。浙江陂塘藪澤間俱產芹，村人於二三月長苗時採鬻之，可作葅或瀹食之，味最芬鬱，於諸蔬中可稱雅饌。

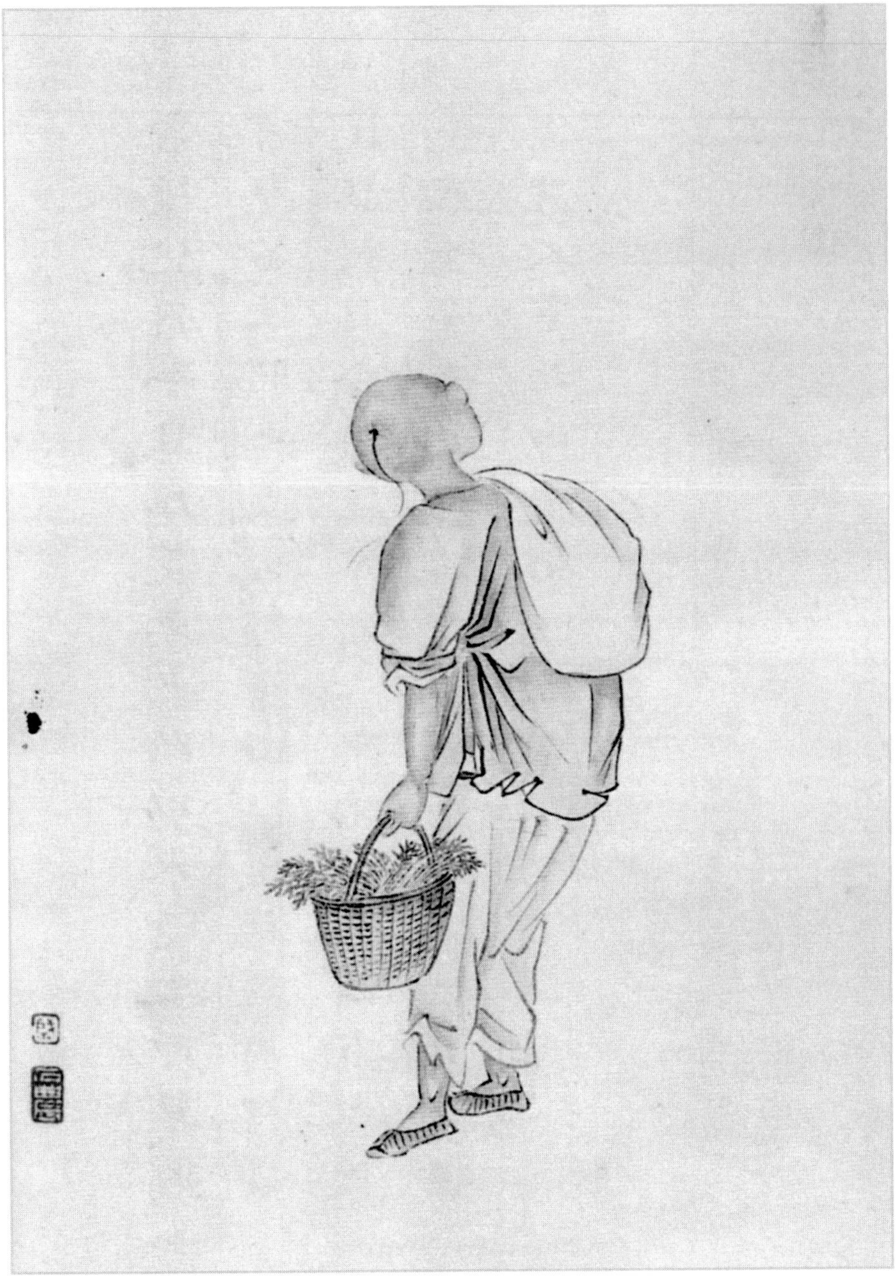

9. 賣糖粥

案：《武林舊事．市食門》春有七寶粥、五味粥、菜豆粥、糕粥、糖粥。今浙江過午惟賣糖粥。蓋杭嘉湖諸郡，迺商賈湊集之地，日早午行人往來如織，其不及飯於家者，取給於此。

10. 販木棉布

案：類篇紗一：曰：紡纑吳興工織木棉紗布。湧幢小品云：地產木棉花而少，而紡之為紗織之為布者，家戶習為恒業。紡者日可得紗四五兩。收紗者沿門收之。

11. 賣蓑衣

案：《管子》：農天首戴茅蒲，身衣襏襫。《庶物異名疏》曰：茅蒲，蒲笠也；襏襫，草衣，御雨之具也。浙江山澤之農多務耕作，布穀既鳴，負簑戴笠者盈阡陌。笠山竹籜為之，蓑則如《異名疏》所說，間有俱用棕櫚皮為之者。

12. 織布

案：杭嘉湖諸郡鮮游民，耕耘之外，皆務織。織之法，先治經架：《三才圖會》曰：經架，牽絲具也，籰絲排於下，上架橫竹，列環以引眾緒，總於架前經杆，二人往來牽而歸之軸，然後授之機杼。《山堂肆考》曰：軸，機之受經者也；杆，機之持緯者也。

13. 賣水果

案：西湖有石塢之楊梅、梵天寺之楊梅、法華山之楊梅、載杭州圖經。及咸淳臨安志並稱法華山楊梅為最。今則籲山湘湖之楊梅，味勝西湖諸產矣。枇杷向出於潛烏巾山小錫塘等。塘棲號牛乳者亦佳。

14. 彈花

案：史紹釋文曰：木棉秋結實，其中綻出如棉，土人取之以竹為小弓，長尺四五寸，彈之令其勻細。梧潯雜佩謂：彈棉之弓以本為之，長六尺餘，今製如此，當如梧潯雜佩所說。

15. 中秋月餅

案：熙朝樂事云：八月十五日民間以月餅相遺，取團圓之義。浙江土風今亦如此。所市之餅有桂花餅、棗兒餅、豆沙餅諸名。閭閻互相贈遺謂之節禮。立春亦有貨賣春餅者。

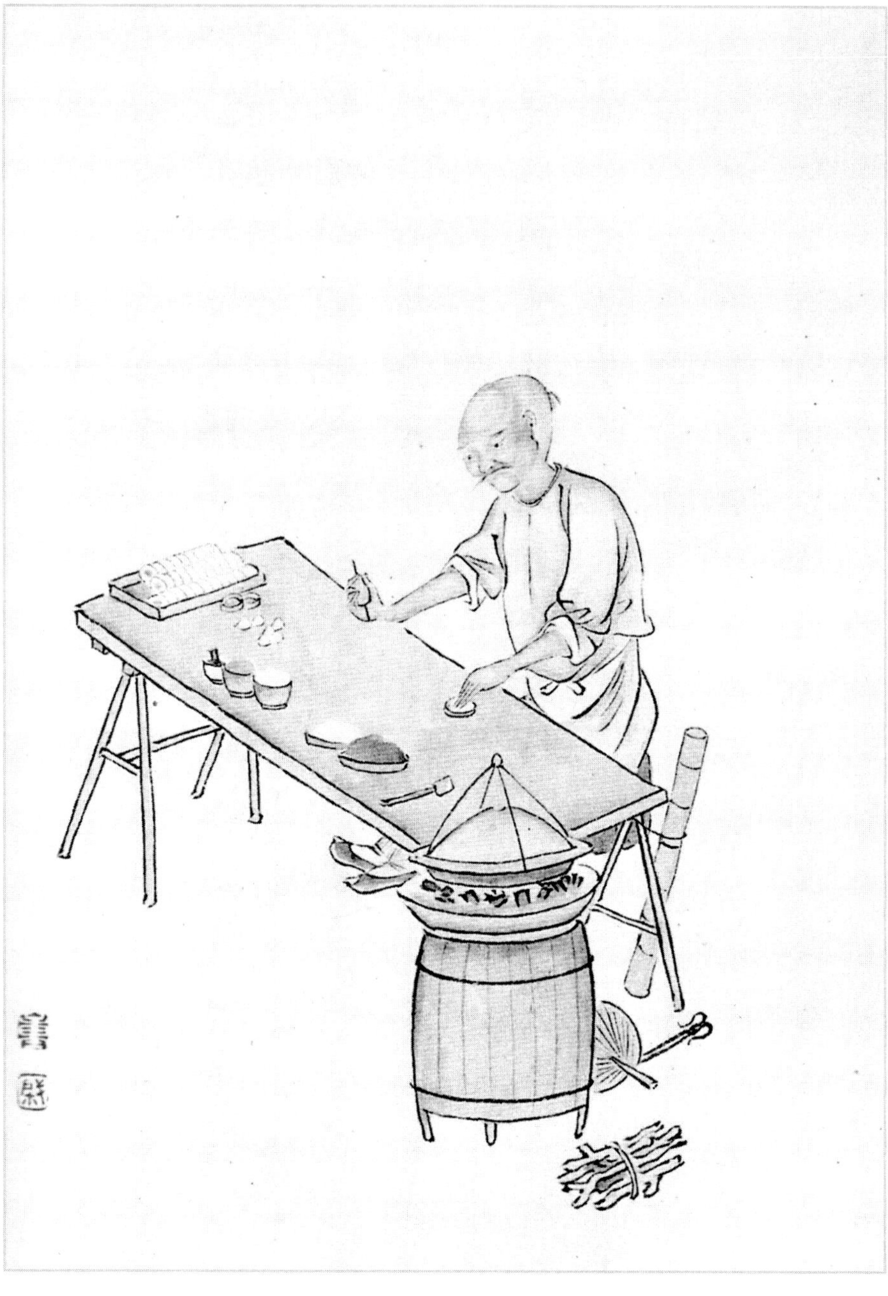

16. 賣九江魚

案：浙東西瀕江控海，鱗族繁衍，錢塘江六和塔以上之鰣魚，吳興太湖之白魚，苕溪之鱸魚；見於咸淳《臨安志》《大平寰宇記》《西吳枝乘》諸書。而近時販夫率賣鰱魚、鮮魚，云：其種出於九江，初生時細如髮，買歸養於池，以草飼之則長。

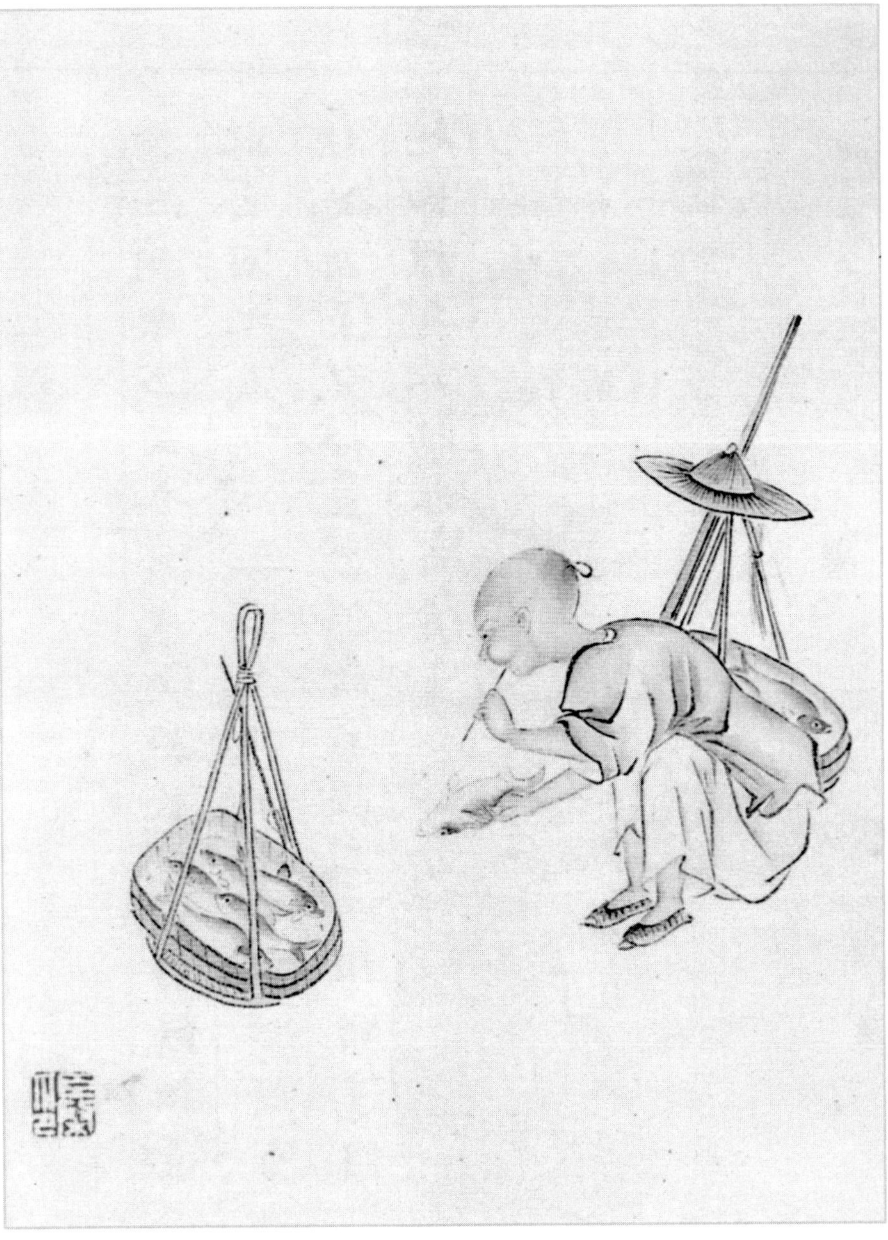

17. 賣泉水

案：杭州井水味鹹，不可以瀹茗，西湖多山泉，虎跑、白沙二泉甘洌尤勝。《杭州府志》：虎跑泉在大慈山。《錢塘縣志》：白沙泉在棲霞嶺後。村人往汲之，擔鬻於城市。臨平山有寶幢泉，即安平泉，味亦佳，載舟致之頗易。

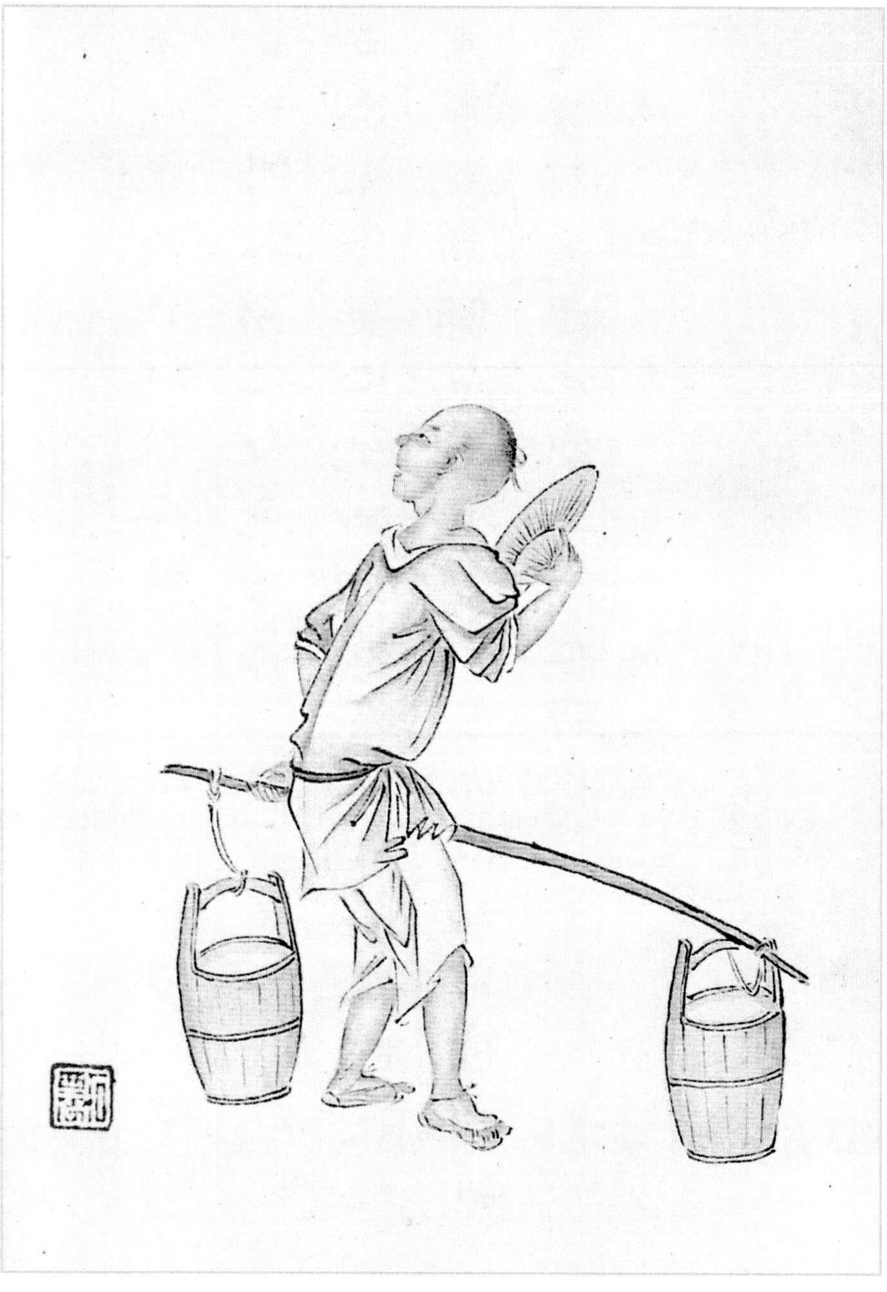

18. 販桑椹

案：古今注曰：椹實也。嘉湖處春晚時，桑圃中，紫實累累。鄉民採：鬻於市。晉時亦有以此為珍果者。傅元桑椹賦曰：嘉味殊滋食之無斁。

19. 賣青菜

案：浙江處州之土不宜菜，其餘諸郡皆有之，以杭為最。《武林舊事》：東園人家，四時種菜販賣，春則有油菜、芥菜。《杭州府志》曰：油菜，其心最美，咸淳《臨安志》曰：芥菜，紫而辣者難得。夏則有莧菜，秋冬則有白菜。

20. 元宵燈市

案：《西湖遊覽志》：正月上元前後，張燈五夜，自壽安坊至眾安橋，謂之燈市。我朝世際升平，年豐物阜，浙江元宵燈市盛於往昔，街巷俱結綵棚，懸各色花燈，其額書天子萬年，天下太平、五穀豐登、風調雨順諸語，斯誠萬民同樂之景象也。

21. 趕考市

案：《文獻通考》：舒元與舉進士，脂炭具皆須自將。《能改齋漫錄》曰：唐制如此。我朝嘉惠士子，試日饌飲皆官給，所自攜者，惟果餌之屬耳。其時有貨燭墩、水注之類，並竹籃用貯果餌諸物者，於貢院東西橋聚賣，謂之趕考市。

22. 賣鄉試題名錄

案：《唐書．選舉志》：舉人既及第，有題名席。《唐摭言》：進士及第，以泥金書帖子附家書中，報登科之喜。今鄉會試有題名錄，亦稱登科錄，似本於此。浙江當鄉試揭曉之日，土庶皆聚觀榜下，其居遠者，則買題名錄傳觀指識以為榮。

23. 賣燭

案：《唐詩紀事》：舉子試，既暮給燭。《演繁露》：唐試連夜，以燭三條為限。蓋唐制夜試，始用燭。今每屆鄉舉之年，賣考燭者標其名曰三元場燭。一種瑩膩如脂，《群芳譜》所謂蟲蠟，作燭殊勝。一種烏桕油所造，以紫草汁蓋之，即常市之紅燭耳。

24. 販書聯

案：浙江每屆臘月，用紅箋書前人偶句之佳者，黏於門屏，名曰春聯，其時有書而貨之者。《墨莊漫錄》曰：東坡在黃州，除夕訪王文甫，見其家方治桃符，書一聯於其上云：門大要容五馬人，堂深每覺百男歡。是蓋春聯之由來也。

25. 販蘭花

案：《蘭譜》：杭蘭，其花如建蘭，葉稍寬。今杭之餘杭、富陽俱產蘭，葉細，與建蘭不相似，當臘月即有擔賣者，名甌蘭花。其法以蘭之繁蕊者，擱置煙霞嶺之水樂洞，時曾冰寒沍，獨洞中氣暖如春，不數日，蕊皆花矣。

26. 浙江名瓷

案：浙江自昔工造窯器，越州之秘色窯，處州之龍泉窯、哥窯，其最著者。第諸窯在當時已珍秘，民間飲饌之具，皆取給於江西景德鎮之饒窯。浙江乍浦近亦能燒瓶盂杯碗之屬，瓷白花青，漸與饒窯相矣。

27. 販菖蒲

案：《歲時記》曰：端午以菖蒲或縷或屑食之。《荊楚記》曰：五月五日採艾懸戶上。今浙江風俗，端午亦皆市菖蒲，析如米雜雄黃食之，並作艾虎戴小兒頭上，謂取耆艾之意。

28. 販蓴菜

案：《蕭山縣志》謂蓴出於湘湖，味勝他產。其實湘湖無蓴，皆從西湖採去，浸湘湖中，一宿乃愈肥耳，非產湘湖也。閱《耕餘錄》曰：蓴菜生松江華亭，武林西湖亦有之，其味之美，香粹柔滑，略如魚體脂，而輕芬遠勝其品，無得當者。

29. 採荷花

案：咸淳《臨安志》：香山郡齋詩：繞郭荷花三十里，指西湖言也。《嘉興府圖記》：祥符蕩多芰荷。《平泉草木記》：白蘋洲有重臺蓮。今嘉之祥符湖之白蘋洲，產荷如昔，而西湖尤盛。夏月早起，步湖堤，露氣花香襲人襟袖，藝花者掉小舟採之，市於人，以供瓶玩。

30. 賣金魚

案：金鯽魚即今金魚，其名見蘇詩。《七修類稿》云：金魚始於宋，生於杭。《程史》亦云：惟杭人能豢之。其種舊有梅花點、鶴頂紅、金鞍、錦被諸名，今更有一種腹圓如蛋，謂之文蛋；又有一種珠眼灼爍，謂之虎頭，文蛋珍於常種。

31. 賣扇

案：春風堂隨筆曰：東坡謂松扇展之，廣尺合之止兩指許，招疊肩蓋自北宋有之。今浙江夏月賣摺扇俗，又呼為油紙扇，用彩色繪畫山水花鳥頗堆致。鬻扇者兼市於巾人，甚便之。

32. 賣蓮藕

案：《宋史・蘇軾傳》：軾知杭州，募民種茨湖中。《於越新編》：茨，俗謂雞頭，出杭州西湖，《西湖遊覽志》：藕出西湖，其花有紅白兩種，白者香而結藕，紅者豔而結蓮。今嘉湖溪渚中，菱茨蓮藕之屬亦有之，比西湖所產差亞。

33. 賣西瓜

案：浙江向產西瓜，咸淳《臨安志》曰：出謝村櫟林者，酥而大。《西湖遊覽志》曰：杭州月塘皆沙田，宜瓜。《嘉興府志》曰：沙瓜品最美。今則海寧之瓜實大如斗，甘冷可蠲煩暑，勝謝村、月塘之產多矣。

34. 賣酸梅汁

案：《本草集解》：以熟梅笮汁為梅醬，夏日可調水飲之。浙江當夏月，街市中有賣梅醬者，渴熱之人舉一甌，如飲瓊漿。《孟子》曰：夏日則飲水。《禮記．內則》，漿水醷濫，注：醷、梅漿也。據此，則古人夏渴，或即以梅醬調水飲之矣。

35. 淘河沙

案：浙江有製木如小舟，取河中灰土澄汰之，以如少者煎諸爐，云日可得銀銖許，謂之淘沙。《桂海虞衡志》曰：金出山穀田野土中，其民以淘沙為生，淘沙之名見於此。《武林舊事》；有曰淘河者，即淘沙之謂也。

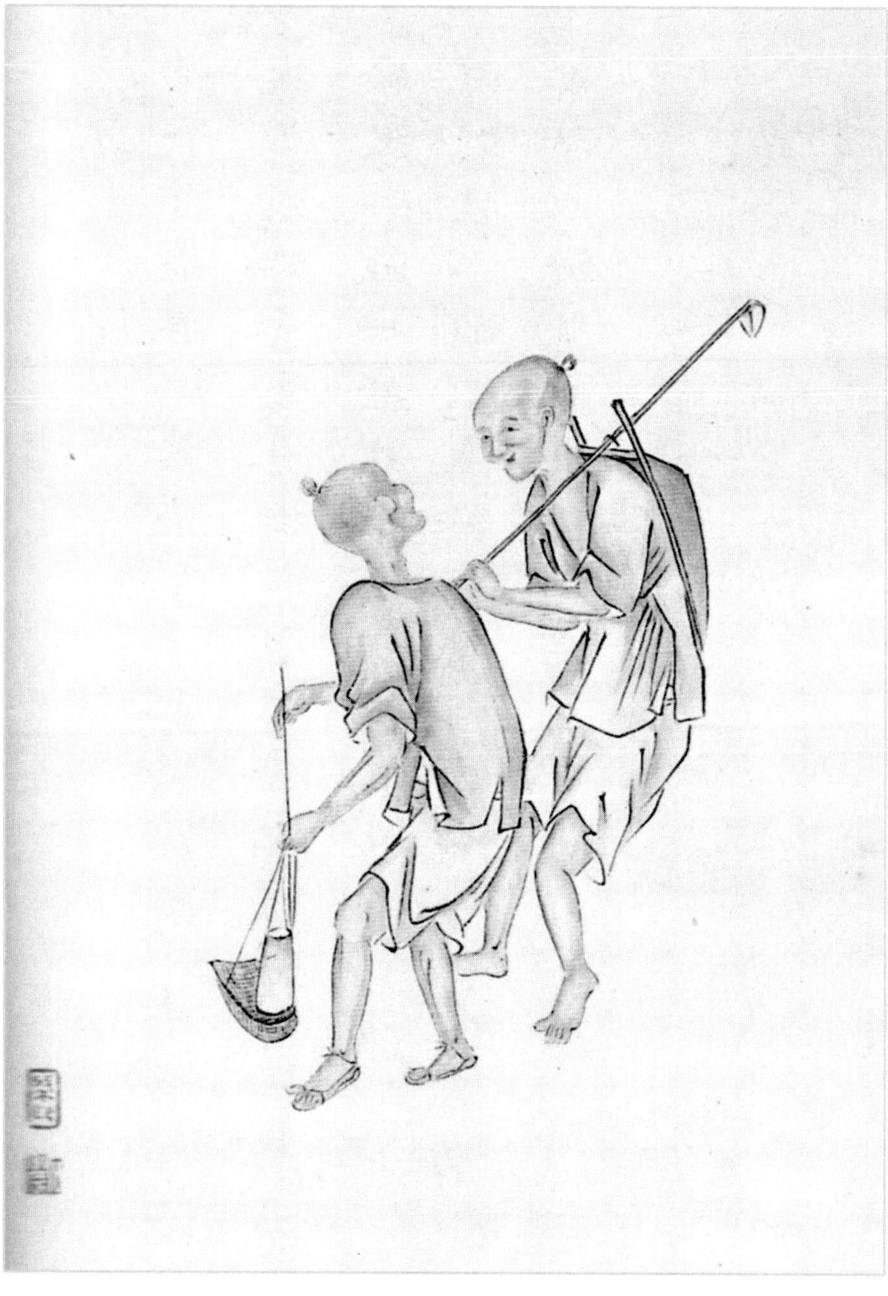

36. 販熟食

案：浙江有烹飪羊之類，喚買於里巷間，以佐盤餐者，名曰熟食。其物非出於己庖，多於作坊行販轉求，十一之利，願者至晚始以所值償之。此亦風俗之美。

37. 賣笤帚

案：嘉湖之民，縛苕帚供閭閻灑掃之用。《吳興記》曰：葦心曰茹，吳興溪傍多生此草，可作帚，俗呼為苕帚。《扒虱新語》：一閩黎根性甚鈍，佛令誦苕帚二字。則苕帚之名古有之矣。《吳興記》以為俗呼，似失考。

38. 賣重陽糕

案：浙江重九之日，市人作粉糕，飣以栗，名重陽糕，又名栗糕。劉禹錫《嘉話》云：九日作詩，押一糕字，尋思六經無糕，遂不為。想九日食糕，在唐時此風已盛。《歲時記》曰：九日以片糕搭小兒頭上，曰百事皆高。

39. 織簾

案：《風俗通》曰：戶幃為簾。《聲韻》曰：簾，戶蔽也。《齊書》：沈麟士織簾，號為織簾先生。今浙江居民俱以簾蔽戶，因有以織簾為業者。朱彝尊詩曰：一線條條直，雙釘戶戶懸。

40. 賣磚瓦

案：《古史考》：夏后時，烏曹作磚，昆吾作瓦，二者皆為室廬之用。浙江諸郡陶磚瓦者，杭州・嘉興為最多。《杭州府志》：仁和、餘杭皆造磚瓦。《嘉善縣志》：磚瓦出張涇窯者曰東窯，出干家窄者曰北窯，北窯者良，東窯次之，市磚瓦者亦云。

41. 販書

案：《瀛奎律髓》注：陳起字宗之，在睦親坊，張肆買書。浙江士人喜聚書，而坊賈鬻書、《瀛奎律髓》之外，他書未曾多見。今我朝右文稽古，開四庫全書館，裒輯群書，文德廣被，士子益蒸蒸向學，各州邑書肆遂如櫛比，兼有負包而賣者，多烏程、歸安人也。

42. 賣湖筆

案：湖筆之名，在元時已著，《西吳枝乘》曰：吳興毛穎之技甲天下，馮應科者尤擅長，至與子昂、舜舉簽名：歸安善璉諸村人，至今世精其藝，他邑傚為之，惜不及，俗謂尖齊圓健，筆之四德，惟湖人能備之。

43. 販墨

案：《春渚紀聞》：沈珪，嘉禾人，善製墨，以意用膠，取古松煤雜脂漆燒之，其名為漆煙。《癸辛雜志》：三衢葉茂實造軟煙法，墨經久而色不渝。今珪之漆煙法與茂實之軟煙法，皆不能造，而徽州之新安墨盛行於浙中，凡攜篋走書塾售者，新安墨也。

44. 販鵝毛扇

案：以雀翅為扇，見於《拾遺記》；以鳳翼為扇，見於謝氏《戊辰鈔》；以鶴翼為扇，見於嵇含《賦序》；以白鷺翅為扇，見於《南史》。以鵝毛為扇，自古無言之者。《浙江通志）曰：湖人製鵝毛扇，可卻暑，貴重者，用鶴翅為飾。

45. 古玩販子

案：昔有骨董羹，見於《仇池筆記》，乃飲食烹雜之名也。今於古器物俗亦稱為骨董，浙江有骨董擔，所市銅磁諸品皆贗，古小玉玩有著草勒、拱璧、雷簽數種，出杭之安溪，田圃之民偶得之，有佳者。

46. 雜貨籃

案：《桐薪》曰：古朝服上有生紫袷囊，呼曰紫荷。今俗雜佩稱荷包，名雖不典，義有所承。《名物通》曰：靉靆如雲母，可作眼鏡。今村鎮間有提筐售賣荷包、眼鏡並氂梳、牙刷、剔牙籤之類，瑣細俱備，號雜貨籃。

47. 浙江木工

案：公輸般作木鳶，魏安釐王客造木鵠，自古稱為匠巧。頃浙江有木工製尊瓢杯杓之屬，市之村落間，巧雖不如安釐王客與公輸般，而甚適於民用，循名考之其制亦有所自，木尊見《莊子》，木瓢見杜甫《樂遊園歌》；木杯見班彪《上啟事》，木杓見《茶經》。

48. 賣蒲團

案：蒲團之製，未知所始，而其名則見於《傳燈錄》，唐張籍、歐陽詹及顧況、許渾諸詩。浙之嘉湖水鄉，溪澤間蒲草叢生，居民刈之，織為蒲團，貨與緇流方外之民。

49. 修錫器

案：錫之名，見於《詩・衛風》、《周禮・職方氏》，而錫工古無所考，朱彝尊《鴛鴦湖棹歌》注：里中黃元吉治錫壺極精緻。浙之錫工，斯為首著。廣州錫器最擅名，頃浙江亦能仿造，兼有擔爐修治舊器者。

50. 賣雛鴨

案：樂府《阿子歌》注：嘉興人喜養鴨，春夏之交，因作此歌。嘉湖諸處至今喜養鴨，春夏之交，賣雛鴨者肩相接也。其鴨用火焙卵而出。《留青日札》云：廣東湯燖鴨卵出雛。浙江火焙鴨卵出雛。此法自昔有之。

51. 賣螢燈

案：浙江夏月有以練紗作小籠如燈，謂之螢燈，童稚買之，嬉戲為樂。《演繁霸》：丁灣家有絳紗籠數十曰聚螢囊，有火之用，無火之熱，亦己巧矣。其製即今螢燈也。第武子囊螢以讀書，謂則囊螢以為玩，與童稚之見無異，《演繁露》稱之曰巧，誤矣。

52. 賣名鳥

案：《浙江通志》禽之品載四十種，今之市賣者，惟畫眉、鶉鴿、竹雞諸種耳。畫眉善鳴，供亭樹之玩；鴿卵可作羹，人餌其利；梅雨之時有蟻蠹，聞竹雞聲則去，一云竹雞能辟火，故珍之。

53. 揑泥人

案：西湖每當春桃秋菊之時，遊人接踵，有售泥孩者，買之以娛童稚。《西湖志》曰：嬉遊湖上者，買泥孩、花湖船等物，回家分送鄰里，謂之湖上土宜。張造：嘉遂辰《春遊詞》曰：柳陰舟子笑相呼，手抱泥孩出酒坊。形容如繪。

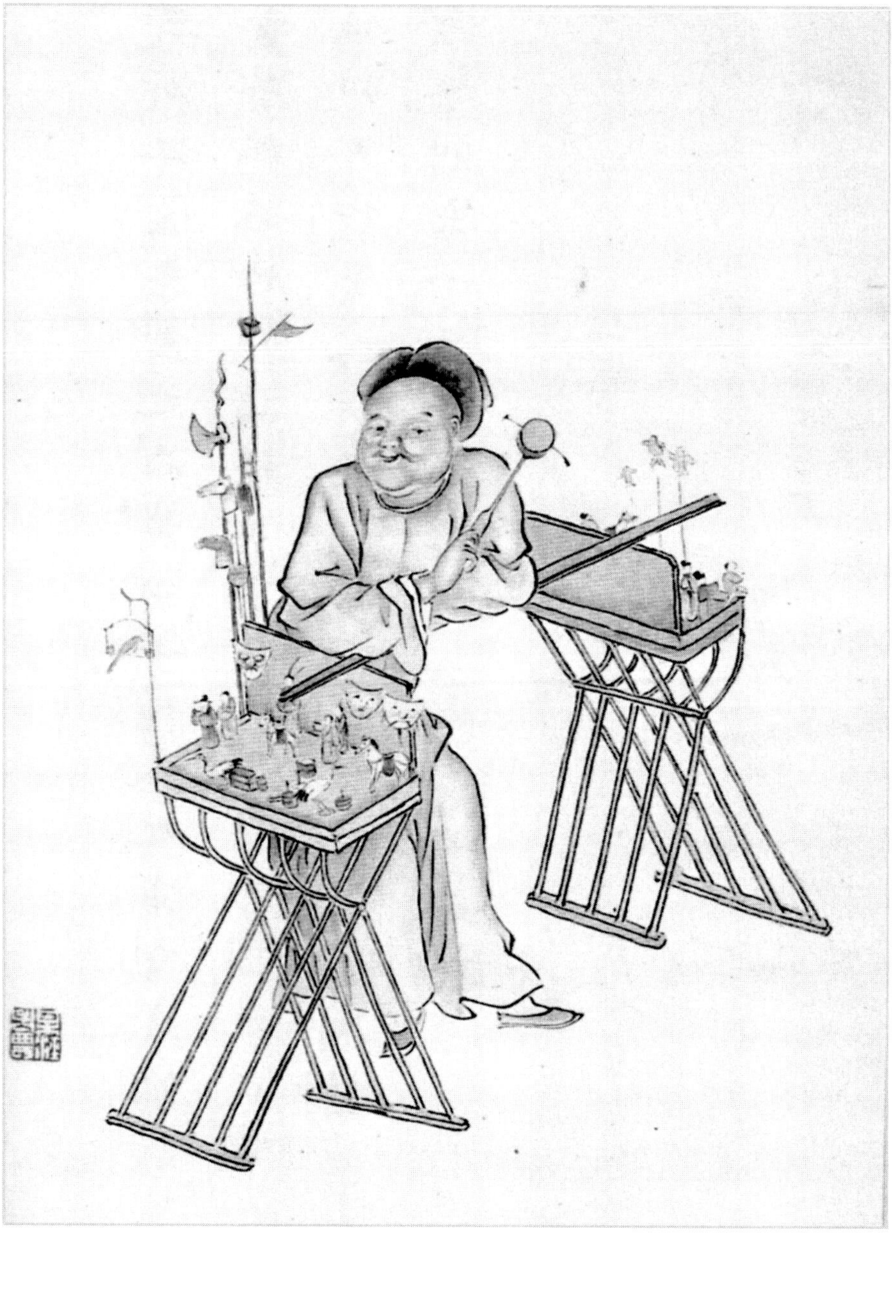

54. 箍桶

案：《說文》：桶木方器受六升，今規木為圓以筏箍。之亦曰桶。箍桶之技匠之末技也。然可以代耕人亦習之。《談數》云：二程子入蜀至大慈寺，見箍桶者口吟易數就揖之。質所疑酬答如響。此儒而業於匠者也。

55. 賣雞毛帚

案：《禮記》：拼席不以鬣。疏：鬣，掃地帚也。古人掃地則用帚，辟除几席者謂之拂。徐淑《與秦嘉書》：旄牛尾拂一枚，可拂塵垢。《高士春秋》：方鎔以棕櫚葉為拂，號無塵子。今浙江人縛雞毛供拂几案，謂之雞毛帚，似非古名也。

56. 賣銅杓

案：顏師古《漢書》注：杓，所以抒浥。《茶經》：瓢，一曰木杓。古之食具有銅甑，《齊書》；有銅甌，見《顏氏家訓》；有銅瓢，見黃庭堅《四紙跋》。至於杓，則未見以銅為之者。今浙江率用銅構報水，或以之熟食，持執便易。業此者，擔爐為人鼓鑄。

57. 賣江蟹

案：《嘉善縣志》：分湖中產紫螯蟹，殊美。《湖州府志》：蜀出曹溪者佳。咸淳《臨安志》：西湖多葑田，產蟹，《蟹略》云：西湖蟹稱為天下第一。今湖蟹難得，賣者率江蟹耳。有產於溪河河間者，居氏作簖採之，謂之簖蟹，菊黃時煮食尤美。

58. 修鞋匠

案：今浙江多鞋鋪，有傭於鋪中為人製鞋者，名鞋作，其不喜受傭，則時時盤街以修鞋為業，人呼之曰皮郎。考《武林舊事》有結鞋底、修皮鞋諸名，想即今之皮郎也。

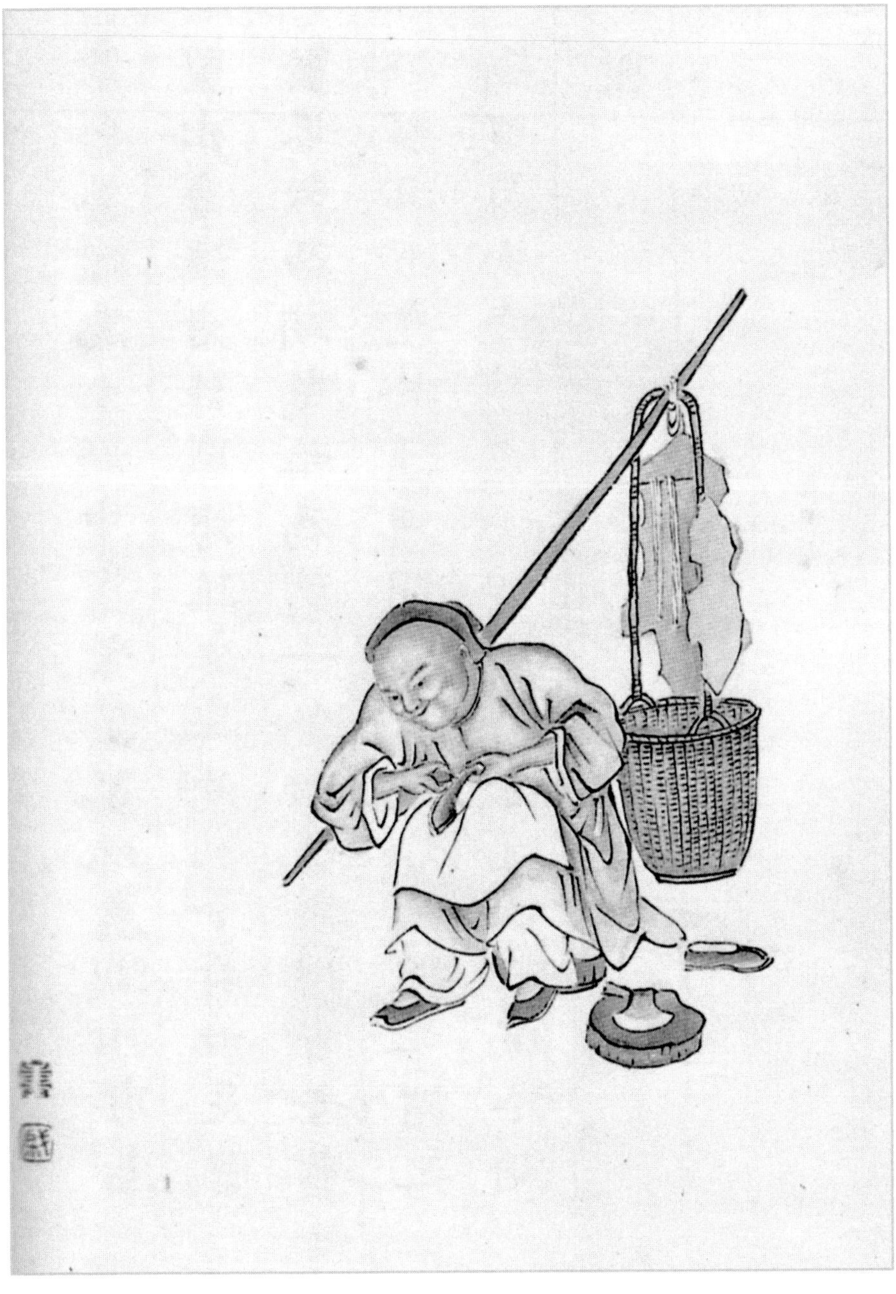

59. 賣柿子

案：浙江柿有二種，有綠柿、紅柿。《正字通》椑柿同類，柿赤而椑綠。綠柿皆不食。惟取汁染暑扇，名曰柿漆紅。柿俗又名方柿，鄉人於秋時擔賣。《格物論》曰柿少核者佳。處州松陽柿取為珍果。

60. 賣瑞炭

案:《月令通考》:除日菊松柴,謂之籸盆。浙江臘月賣松盆柴,又搗煉作末,以糜汁和之,用圓範合為團,謂之歡喜團,除夕燒置盆中,四圍以松柴簇之,老稚團坐娛樂,是乃今之瑞炭也。

61. 賣拓片

案：東南山水秀偉奇麗，以西湖為冠；自昔名儒碩士灑翰揮毫，豐碑林列，然可為多士之楷模者，百無一二。自翠華臨幸以來，宸章睿藻，輝映湖山，摹法帖者以良墨佳紙敬謹拓摹，士庶得之，珍逾球璧。

62. 賣土布

案：《仁和縣志》：棉布出筧橋一帶《杭州府志》：棉布出海寧、硤石者尤佳。《桐鄉縣志》：布之類有眉公布、建莊布。以今考之，諸行販之布與志殊，嘉興盛行者，石門莊布、桐鄉莊布，杭州則橋司布，眉公，建莊、筧橋、硤石皆不如武也。

63. 賣紙鳶

案：《稗史類編》：紙鳶謂之風箏。《埤雅》曰：乘風在紙鳶，令小兒張口望視，以泄內熱。浙江當春時出郭外，芳草如茵，菜花滿地，常見群兒聚放紙鳶，有如鷂者，有如蝶者，今則製為太平春景四字，名合嘉徵，古未有也。

64. 磨銅鏡

案：《西吳枝乘》：鏡以吳興為良，最知名者，薛氏：《烏程縣志》：薛杭人，而業於湖。以磨鏡心用湖水故也。浙人至今珍之。薛氏鏡且有專以磨鏡為業者，持小鐵片如拍板樣於里巷中，搖之聲琅琅然。

65. 孵小雞

案：《方言》謂伏雞曰抱。《格致鏡原》云：江東呼菢。浙江俱呼伏為菢，蓋古時雞雛皆用雞抱伏而出。今寧紹之間率置溫火於密室，用竹筐貯雞卵，藉火上，以被覆之十八日，剖而成雛。其哺雞之室名菢坊，村人俱向菢坊販賣。

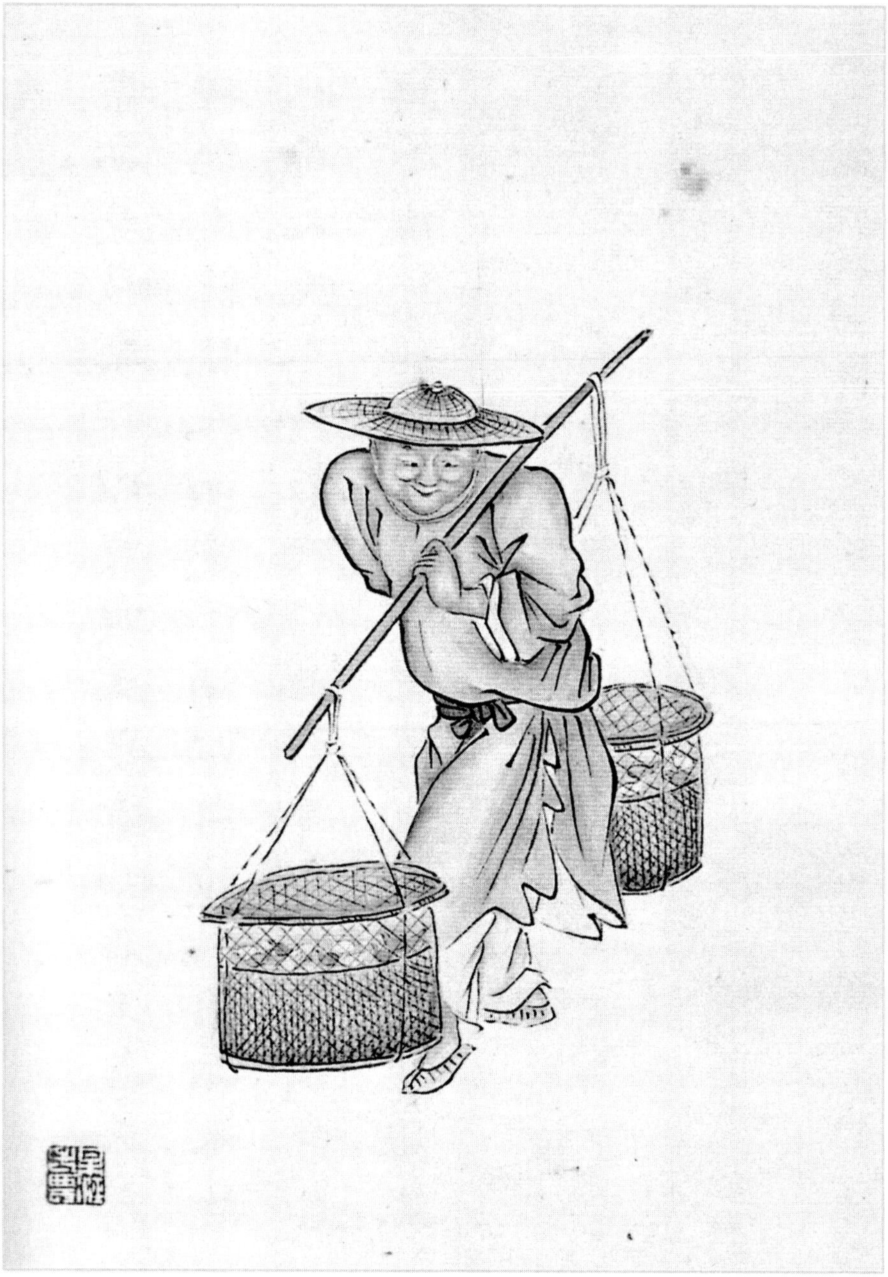

66. 釘枰

案：《漢書》：衡，平也，所以任權而均物，平輕重也。浙江乃商賈輻輳之區，稱量貨物必借權衡，而皆呼衡為秤，且有習釘秤為業者。考唐包何有《賦送孟孺卿》詩，陸贄曰：衡者，秤也。則唐時已呼衡為秤矣。

67. 賣春韭

案：《南史》曰：食味最佳，春初草韭。《食物木草》：韭、一名草鍾乳。《爾雅》郭注：俗呼韭，根為荄，今浙江稱為韭芽，正月初藝圃者取以市賣，比常時須倍其值。《杭州府志》曰：韭，郡城人最貴其初出時，數十莖以十餘錢易之。

68. 賣涼鞋

案：士冠禮屨。夏用葛葛屨即今涼鞋也。古亦謂之躧。演繁露曰：入夏月為屟。當腳根處正低。即師古所謂躧是也。今浙人亦有稱涼鞁者，輟耕錄：浙西之人以草為履名曰鞁。常山縣志涼鞋用棕或草製。

69. 賣田螺

案：螺種至多，《山堂肆考》曰：田螺，形圓底銳，業者如梨橘，小者如梅李。浙江凡田澤間俱產田螺，村人撈取之，需以佐饌。兼有似蛤而小者，名曰蜆。《本草》：蜆，小於蛤，生淡泊沙水中。

70. 賣草席

案:《詩·小雅》:下莞上簟,草名,可為席。崔祖恩《政事疏》有三齋莔席。《玉篇》:莔草似莞,浙江士庶之家通用莔席,而以紹興所織為佳。《名勝志》:莔草席,蕭山縣出。《輿地志》:莔草出上虞,夏蓋山土人織以為席。

71. 賣野味

案：浙江當秋之交，獵人入山捕取鳥獸豕之類，惟衢嚴諸山郡有之，杭嘉湖多沮，洳藪澤，所產惟海昌茗山之山雞，德清蘆渚之黃雀為最佳。間有似鹿而小者，謂之麂。獵人得之鬻於市，名曰野味。

72. 賣雨傘

案：《家語》：孔子將行，命使持蓋，既而果雨。《器物總論》：傘、傘皆蓋之別稱。據此，則雨傘之製其來古矣。又《通俗文》：張帛避雨，謂之蓋。而今之傘則以紙為之，宋孔平仲詩曰：紙傘風掣不得操。或今所市之紙傘，宋時有之也。

73. 賣粽子

案：《文縣雜錄》：五月五日有百索粽子。今浙江逢五日，案必以粽相饋遺，取辦於市者居多。《風土記》曰：端午進筒粽，一名角黍，以菱葉裹黏米栗棗，煮令熟，蓋取陰陽包裹之義。

74. 賣元宵

案：浙江元宵節，無論士庶，家必買粉團互相饋遺，謂之燈圓。諺云：上燈圓子落燈糕，糕謂高也，圓取歲歲團圓之義。周必大《元宵浮圓子》詩：時節三吳重，匀圓萬里同。想此風處處有之。

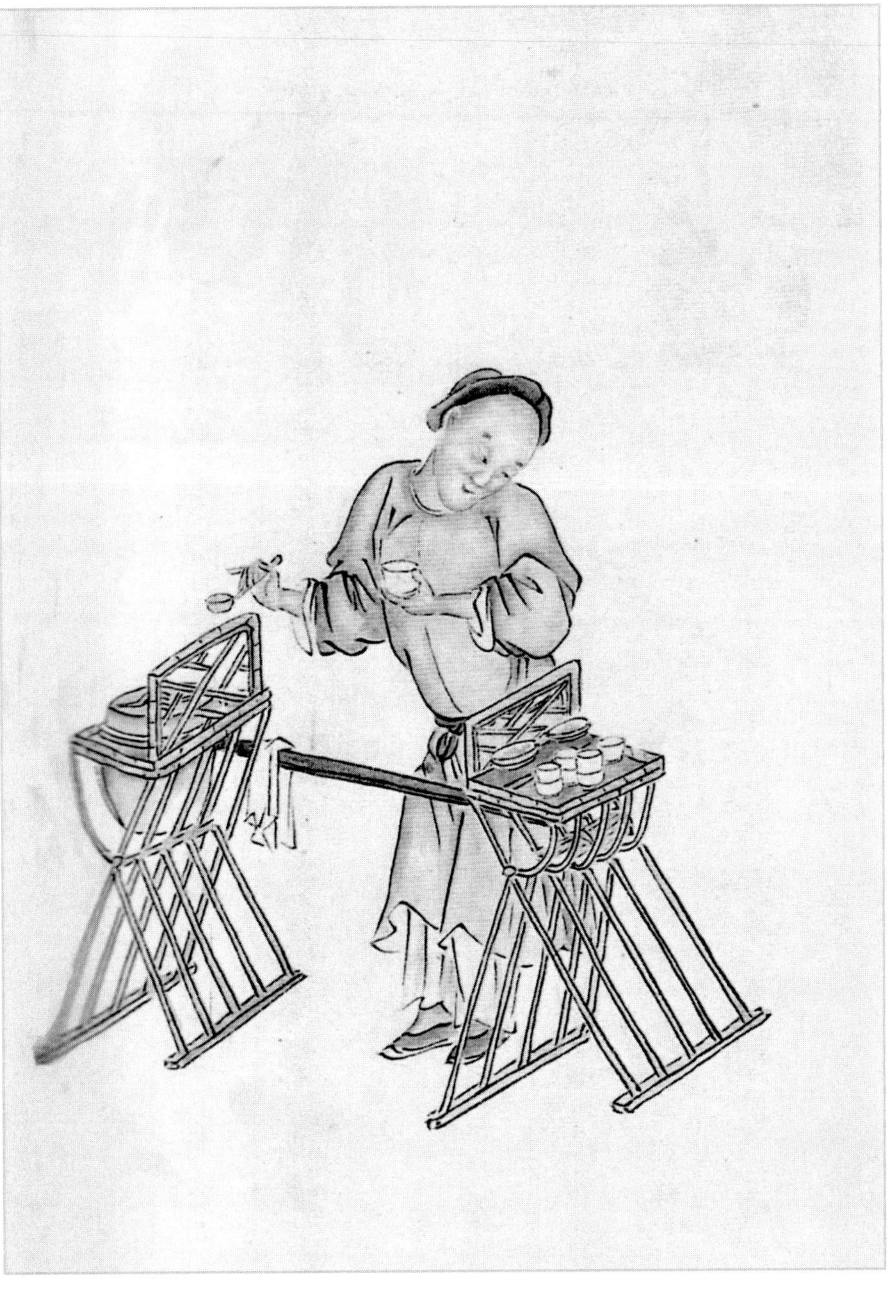

75. 賣桂花

案：桂一名木犀，學圃雜疏云：木犀須種早黃、毬子二種。蚤黃七月中開，今杭州當七月初，賣桔花者踵相接。大約皆蚤黃也。更有丹桂、銀桂諸種。八月始花，產天竺月輪山西谿諸處，步屧過之，香盈嶗壑。

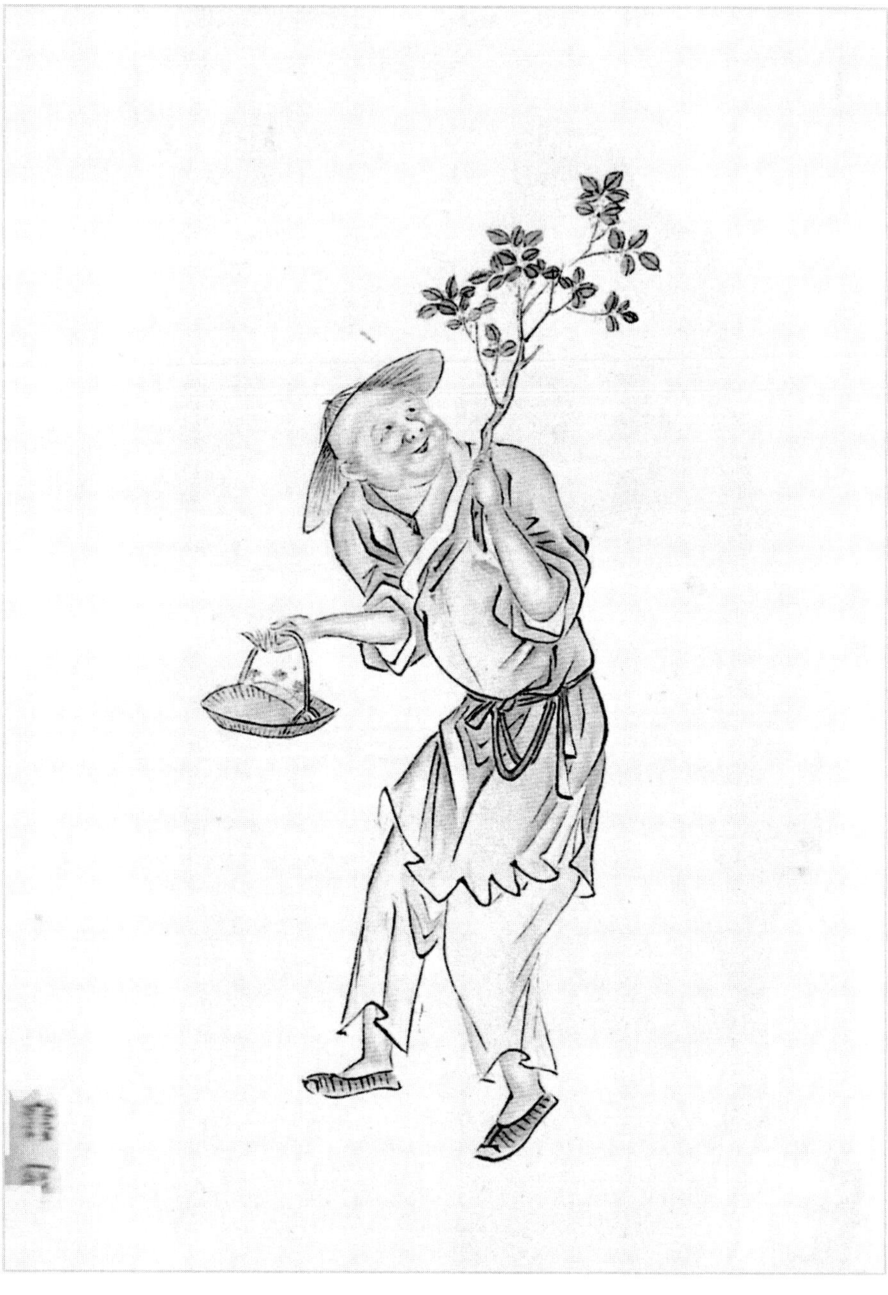

76. 小爐匠

案：朱彝尊《鴛鴦湖棹歌》注：里中張鳴岐製銅為薰爐，聞於時。《西吳枝乘》曰：鏡以吳興為最良，知名者薛氏。張爐薛鏡，鼓鑄皆大冶。今有擔爐為人修治匙鑰、鉸鏈之屬者，名曰小爐匠，即古所謂鼓爐釘鉸者也。

77. 賣焙籠

案：《詞林海錯》：薰笠，一名秦篝。《事物紺球》：薰籠以薰衣。《事物原始》：篝，薰衣竹籠也。《方言》謂之焙籠。浙江當梅雨之候，必用焙籠薰衣，產竹之處皆有之。《會稽縣志》：竹焙籠，陶堰製者佳。

78. 插解元草

案：《詩．小雅》，呦呦鹿鳴，食野之蒿。《正義》：蒿，青蒿也。浙江士子凡值鄉試，必市青蒿插帽上，以為簪花之兆。市之者，美其名曰解元草，欣以攀蟾折桂之榮，合乎鳴鹿食蒿之義，顧名而思，不可謂之不典矣。

79. 賣筬器

案：《硤川志》曰：硤石東山有文竹器具，最工雅。《嘉興縣志》曰：竹有十二種，黃箍竹筬器最良。《湖州府志》曰：筀竹柔韌，可為器具。餘如金華東陽之毛竹，紹興剡溪之紫竹，鄉人耕作之暇亦採作器具，鬻於闤闠，不獨杭嘉諸處為然也。

80. 藝盆梅

案：浙江處處皆產梅，即杭州言之，見於書者已不少。芸林詩話之孤山梅、石湖梅譜之。南山梅名勝志之。西溪梅其尤著者。今更有藝盆梅者，高不過盈尺許，雪蕋冰姿，可供雅玩。買置几案間，宛有水邊籬下之意。

81. 販羊

案：《易》：兌為羊。吳氏注：羊外柔。能說而內剛，故兌為羊。《說文》曰：羊，祥也。浙江士庶之家初婚，有市羊為親迎之禮者。《晉書》曰：鄭氏《婚物贊》云：羊者祥也。婚之有羊，取其祥也。

82. 賣恤鹽

案：《兩浙鹽法志》：肩引止許於本縣城鄉市鎮，肩挑貨賣，鹽不得過四十觔，人不得過五六名，地不過百里之外。又曰：地近場灶，私鹽熾盛，特使無業之民赴場挑賣，蓋於杜除私販之，中寓撫恤窮黎之意，聖朝寬典，古未有焉。

83. 賃舂

案：浙江頻歲以來屢逢大有，築場納稼之際，有負杵傭舂者，比戶登登，聞聲相慶。《東觀漢記》：梁鴻於皇伯通家賃舂。《漢書》：公沙穆為吳祐舂舂。力役之事，賢者為之，遂為佳話。

84. 賣蠶

案：詩豳風言蠶事最詳。似周時宜蠶，獨豳土耳。議以後，江漢間開始有之。吳錄南洋郡一：歲蠶八織。隋書：江湖之南一：歲蠶四五熟。至水嘉郡記始云：永嘉有八輩蠶，似浙江得養蠶法為最後。今杭嘉諸郡皆育蠶，湖洲為尤，盛蠶時，有擔鬻於市者。

85. 賣柴

案:《禮記·月令注》:大者可折謂之薪，小者可折謂之柴。浙江嚴州、處州、萬山，叢薮多產柴。方四《建德府節要圖經序》云：山居八，田居二，往往樵薪為業。《括蒼彙紀》云：薪竹竹之繞，民利賴之。杭嘉湖諸郡鄉，民率用稻稭給爨。城居者，以前為炊，則取諸負擔。

86. 賣油郎

案：浙江之油共五品：麻油，菜油，豆油，桐油，柏油：考桐油，一名荏油，《演繁露》曰：漆工所用。柏油質如蠟，《群芳譜》曰：取以製燭。民間所擔賣菜油、麻油、豆油三種耳。《格古要論》曰：麻油無煙，點燈不擦目。《事物紺珠》：荷油，菜子作，亦名香油；豆油，黃豆作。

87. 販茶

案：湖州之顧渚茶與羅寧茶，著名於昔。《天中記》曰：顧渚茶為珍品。《長興縣志》曰：羅寧產茶，最佳。今杭州之龍井茶，甘香若蘭，點試之勝，顧渚、羅岕遠矣。第龍井茶不易得，常市者採於法華山，名本山茶。

88. 賣冬筍

案：浙江之島四時擔賣味，甲於諸蔬。浙江通志曰：春筍一名園筍、茅竹所生。邊筍，夏月從土中斸得之。冬筍俗名潭筍。更有鶯荀、紫桂島筍數種。皆春時特有之。載於筍譜。

89. 賣杭菊

案：浙江每至秋時，郊外之民採野菊焙乾，鬻以瀹茗，號為茶菊。浙江通志云：城牆產野菊，香味清美。及時採之，勝於諸品。西湖志亦云：產城堞者，花小而色黃味甚美。磁甌點試，乳泛金英自然馨遠。

90. 賣山楂

案：《爾雅》郭注：朹樹狀如梅，其子大如指，赤色似小柰，可食。《食物本草》：朹子，山楂一物也。今俗呼為山裏果，秋時山中人採而鬻之，紫實含津，味如櫻顆。

91. 賣陶器

案：凝土為器，曰陶。《周禮》：陶人為甗庾。今浙江多陶冶之處，器不窳濫，以嘉善為最。《嘉興府志》曰：嘉善甓灶塘居民以陶冶為業。江南之宜興亦如此，其器質細而潤，較嘉善所作尤精緻，亦有販鬻之者。

92. 吹簫賣餳

案；浙江當春時，有以餳作為禽魚果物之類賣兒童者，口吹竹管如簫，名賣餳簫。吹簫賣餳，見於鄭氏詩箋，其事疑始於漢詩簫管備舉，箋云：簫編小竹管，如今賣餳者所吹也。疏：其時賣餳之人吹蕭以自表也。

93. 賣豆腐

案：豆腐一名菽乳，冬則冰而食者，曰凍菽乳。浙江士庶之家具以豆腐為佐食之常味，故擔而賣於市巷者，朝夕常絡繹不絕。三代以前未聞豆腐之製，至漢淮南王安，始傳其術於世。

94. 種樹匠

案：《西湖志》云：錢塘門外東西馬塍，植奇巧花本。《癸辛雜志》云：馬塍藝花如藝果。今槖駝之技猶相傳習，四時擔樹鬻於城市中，兼為人修植卉木，經其手皆欣欣向榮。馬塍之名，今不著，俗呼為花園埂。

95. 品字菊

案：浙江之菊其種有二。花大瓣潤如懸球者，為粗種花。小瓣密如拈絨者，為細種藝花者。粗細相配而售。范成大菊譜云：春苗尺許掇去之，數月則歧又掇之，每掇益歧至秋則團圞如車蓋矣。今浙中藝菊之法，一軒三花謂之品字菊。

96. 刻圖章

案：《七修類稿》圖書古皆以銅鑄，元人始以花乳石刻之。今浙江有粗曉六書者，以篆刻圖書為業。其石產杭州之昌化、處州之青田。《浙江通志》：昌化縣產圖書石、紅點如丹砂，亦有青紫如玳瑁者。《青田縣志》：縣出石如玉，柔而栗，宜刻印章。

97. 賣越桔

案：書禹貢：揚州與包桔柚賜貢，浙江古揚州文域。昔時越桔最著名。今則以衢州之桔為冠矣。有綠桔、紅桔、獅桔諸種。香味俱佳。市販者稱：衢桔越中之橙。至今有之。全唐詩話：張藉詩：山路熒橙熟，此剡中風味也。

98. 賣糖

案：浙江當臘月二十四日，皆備食物、飯糖祀灶。《西湖遊覽志》曰：十二月二十四日謂之交年，民間以膠牙餳、糯米花糖、豆粉團為獻。土風相謂，是日有沿門賣餳者。

99. 賣瑞芝

案：《瑞芝圖》：芝，英王者，有道則生。《孝經・援神契》曰：王者德至草木，則芝草生，浙江年秈岩谷中生芝草，城居者向山中人覓得之，以磁甌栽植，置之几案間，以為珍玩。

100. 吉祥如意萬年青

案：瑞草中有萬年青，葉叢生似帶，四時郯蔥：今浙人比戶珍植，輔以吉祥，如意二草。耆老相傳，聖祖仁皇帝南巡，幸雲林寺，有老僧夙具慧悟，以一桶萬年青獻，聞之者欣喜忭舞，咸以為本朝億萬年太平一統之微云。

第三部分　皇都市塵

俗名：北京風俗百圖
作者：民間畫師佚名
時間：約 1848 年前後
規制：畫片
數量：100 幅
現存：北京民俗博物館
　　　大英圖書館

1. 道士化緣

此中國道士化緣之圖也手持銅鈸一扇身背
木牌一塊上畫神像傍拴練鎖並小磁娃娃等
沿街搗鈸募化有施主捨香錢無子息婦女用
線其娃娃可得子嗣也

2. 醮豬匠

此中國劁猪之圖也因養猪之家找劁猪之人
将小猪劁者取其腎囊以為小猪多食上膘也

3. 賣花女

此中國婦人賣花之圖也其人由花市買來沿
街而賣吆呼栢榴花剪樣挑賣住户婦人所用

4. 耍猴人

此中國耍猴之圖也其人獸形遍体生毛其性
甚靈自能衹鬼臉穿衣服扒竿搖金斗跑羊等
戲其人拉至沿街鳴鑼為號以此為也

5. 端技

此中國端技舅石之圖也其人每逢考試之期
必演弓刀技舅石馬步箭如合格者取中作為
武進士也

6. 創剔刀

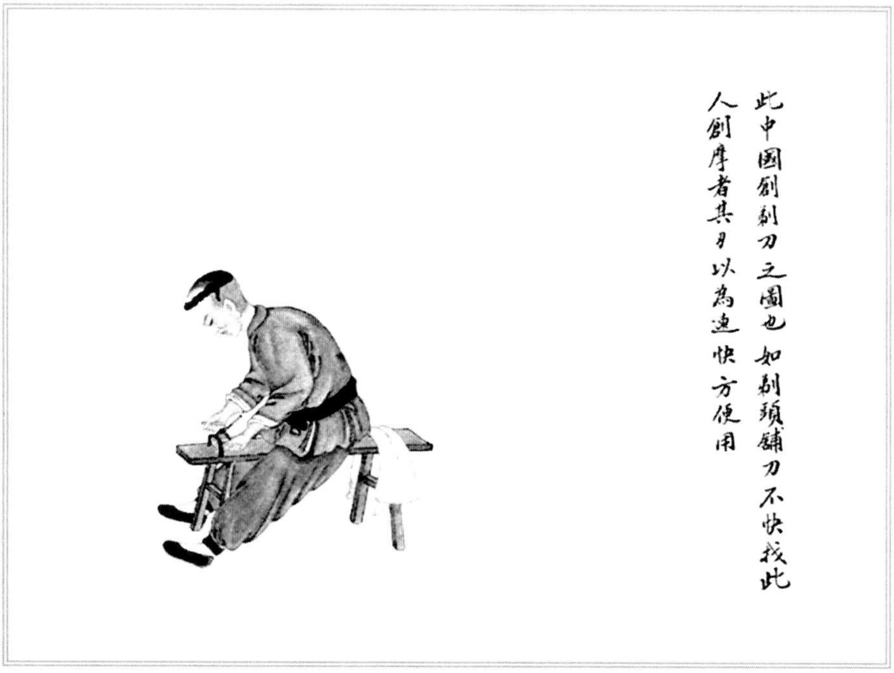
此中國創剔刀之圖也如剃頭鋪刀不快找此
人創磨者其刃以為迅快方便用

7. 衢磨

此中國衢磨之圖也其人手藝於石匠不同行
如雜粮店磨有迸頓找此人修理以為令麄軋
面即細

8. 漢官太太

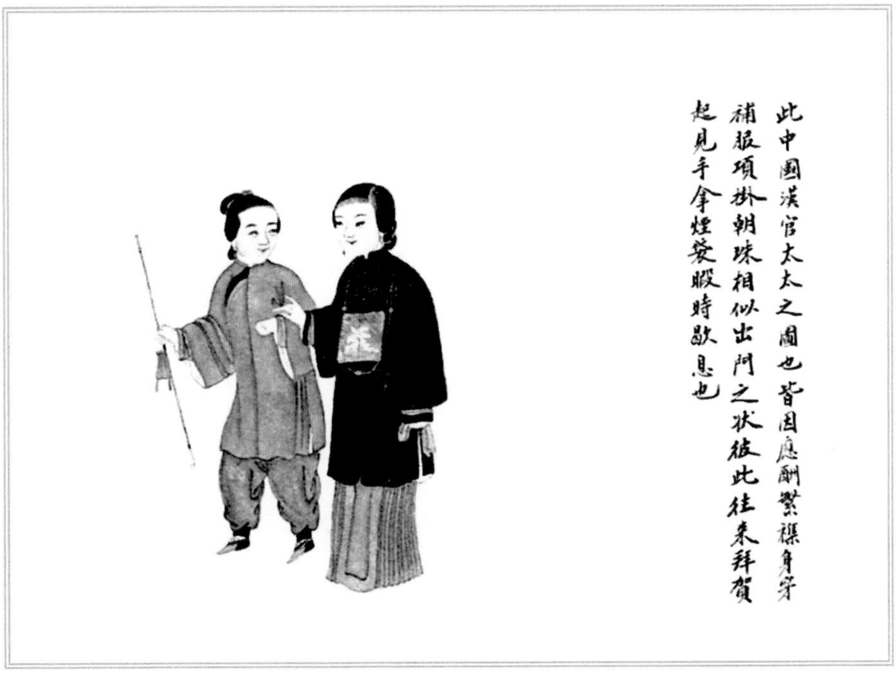
此中國漢官太太之圖也皆因應酬繁襍身穿
補服項掛朝珠相似出門之狀彼此往来拜賀
起見手拿煙袋暇時歇息也

9. 做席

此中國做席之圖也此箔用芦葦以繩紮之成
箔若起造房屋以箔捕之椽上上再覆泥以此
為席箔也

10. 插扇

此中國揷扇面之圖也每年立夏之後起其人
膊貫扇櫃上豎一竿紮繫線繩拴串鐵鈴沿街
走步步行之其鈴搖响令人知其揷扇面的來

11. 耍鈸

此中國耍鈸之圖也其人多戲班中扮一道姑
殿中焚香已畢演習手耍銅鈸能在手指飛轉
並能雙手耍四個也

12. 賣涼粉

此中國賣涼粉之圖也其肩挑前一木盤上列
碗筷子醋瓶作料小盆等項後有一木筩內盛
涼粉此粉係元粉掬成方塊用銅片旋成細条
以油醋澆之而食也

13. 賣糖瓜

此中國賣糖瓜糖餅之圖也其人用糖做成設
立攤子上賣於軍民人等祀灶神之用每歲臘
月二拾三日灶君上天之日均買此糖焚香供
祀取其甜言蜜語可為一家之主也

14. 打太平鼓

此中國打太平鼓之圖也乃是用騾馬之皮縵鞔
圈上打之有一登一夾鸞笆名色打鼓之人乃係
遊手好閑之人冬月繫之女子有拏此鼓者多係
湖人也

15. 賣小鞋

此中國賣小鞋之圖也多係四鄉之人做大小
幼童之鞋數隻在花市或土地廟設一地攤而
賣買者取其方便價廉而已

16. 販騾馬

此中國販騾馬之圖也其人由外販騾馬來京師
賣與騾店內該店主在會主投客賣買者先看口
齒後看快遲有俗言幾句遠看一張皮近瞧四個
蹄來賣先瞧眼回頭在瞧屁也

17. 架雙拐

此中國架雙拐之圖也其人身得病瘉後兩腿
落殘疾不能自立行走用木拐架兩肐窩行走
得便

18. 踢球

此中國踢球之圖也二人以石球二個為賭用
些碎磚瓦塊鋪地用一球先擺一處二球離七
八尺遠每人踢兩次踢中為贏不中便輸

19. 瞽目人

此中國瞽目人之圖也此人自幼失目殘費習
學占算八字並演習曲詞彈唱遊於街市以徒
得利而已

20. 賣藝

此中賣藝之圖也其人名曰傻王每日在街市
之間賣藝為生以石磨石塊石鎖玩耍其人力
大無窮並能將自已將諸石負在背上此人年
過六旬力壯可嘉也

21. 批殃榜

此中國批殃榜之圖也其人病故停在床上還人
即請陰陽先生來批殃榜上寫故者某年月生某
年月故何時入殮何日出殃若身死不明服毒等
情陰陽不批即去報官

22. 廣東婦人

此中國廣東婦人之圖也其人來京多有廣東
宅門為僕夏令穿着涼紬衣服褲角其肥有尺
餘不纏足穿尖鞋衣服齊整無比也

23. 蹬梯子

此中國蹬梯子之圖也多有女子所須用桌
一張其人躺於上面兩足將梯子蹬立幼童
起梯子蹬中播轉上去戲耍各式玩藝甚是
奇巧其女子又能蹬輪大缺等物名曰女金
斗也

24. 宰羊

此中國宰羊之圖也京都羊肉鋪中清晨將羊
捆上必請老師夫宰之其師自携尖刀宰畢急
走另赶別處宰之名曰下刀兒師夫也

25. 放風箏

此中國放風箏之圖也每到春季無事之人用竹披子做成蝴蝶或各樣飛禽不等上繫線一條望空放起人仰面視之以吸空氣所謂衛生也

26. 賣大碗茶

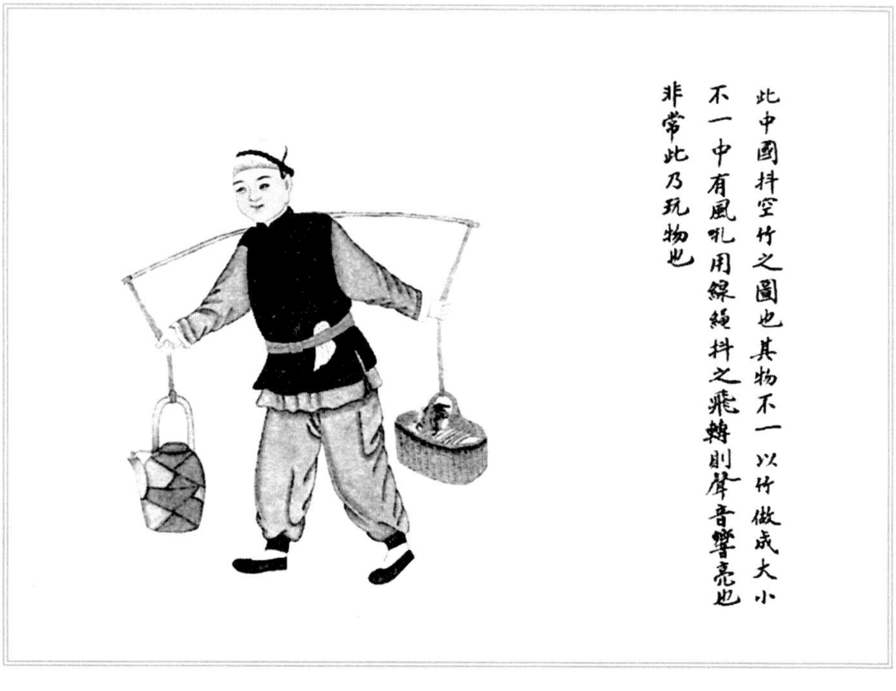
此中國抖空竹之圖也其物不一以竹做成大小不一中有風孔用線繩抖之飛轉則聲音響亮也非常此乃玩物也

27. 做潮煙

此中國做潮煙之圖也京中煙舖將烟葉子抱製揉成方塊用鐵鉋子成絲名曰造潮煙也

28. 唱大鼓書

此中國唱大鼓書之圖也其人或在大街攏當或富户叫去說書唱曲以度日也

29. 賣鞋墊

此中國賣鞋墊毡墊之圖也冬令多有四鄉人
來京做此生業沿街吆呼鞋墊毡墊耳抖帽可
混一冬衣食也

30. 賣圖兒

此中國賣圖兒之圖也其人在京城內外採訪
異怪之事編成詞語刷印數張在沿街吆呼賣
于住戶觀看也

31. 鑽火圈

此中國攢火圈之圖也其人用木作圈週圍插
油紙把火點着其人往來攢之練其身手輕妙
而已

32. 箍桶

此中國捆桶之圖也其人挑担沿街吆呼捆桶
來有舖家住户水屋木盆木桶散漏必教此人
收拾用竹篾子捆好價置若干也

33. 下象棋

此中國着相棋之圖也此棋黑紅各十六子分
車馬相士炮各一對一帥一將共三十二子乃
是閑解悶對卑玩意而已

34. 趕腳

此中國赶脚之圖也每逢春秋冬令之時多
係四鄉之人來京用驢一頭在城根拴來往
人騎之便宜者騎十餘里路無非京錢數百
文名曰赶脚

35. 燒包袱

此中國燒包袱之圖也每年清明七月十五日
十月初一日各住户供包袱内裝燒紙銀錠上
寫上三代名字晚輩祭之也

36. 拾荒

此中國撿构貨之圖也其人乃是貧苦之人無
本錢做買賣身背一筐手持竹竿上捆鉄針沿
街撿拾爛紙賣錢也

37. 撞鐘

此中國撞鍾之圖也每人用銅錢一個在墻上
撞之落地一個遠者打近者打着贏錢打不着
爲輸取其歡樂也

38. 賣豆腐腦

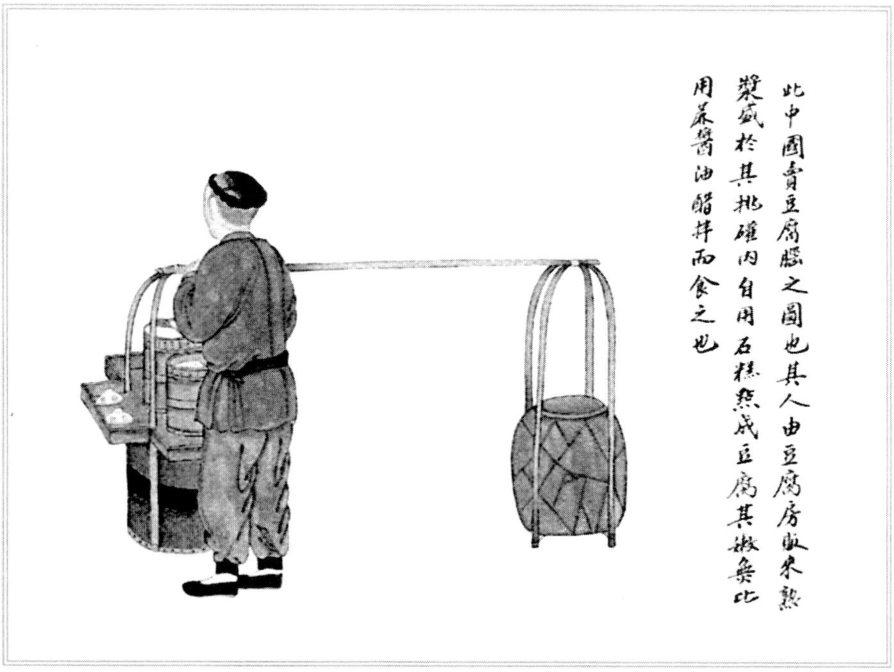
此中國賣豆腐腦之圖也其人由豆腐房取來熟
漿盛於其挑罐內自用石糕熬成豆腐其嫩無比
用蔴醬油醋拌而食之也

39. 抽糖人

此中國抽糖人之圖也其人用白糖做成人物
禽獸每售賣時用竹簽三十二根上刻骨牌点
裝入竹筒令抽之如成付為贏不成付為輸糖〻
物上面拴掛牌点名色對点即贏也

40. 打連廂

此中國打連湘之圖也其人乃戲班優扮成女
子手拿竹板彩扇用竹竿一枝挖小孔按銅錢
數個名為霸王鞭在手中飛舞或竹板上獨立
口唱謌詞名曰打連湘

41. 賣零碎綢子

此中國賣零紬子之圖也其人在各處買來各色零紬至集廟之中舊地鋪色袱上擺各材料每塊可做何使用其價若干隨口便講令人好買

42. 看中醫

此中醫道之圖也京中醫士有太醫御醫之乃是在太醫院應差者如有人請看馬錢貳吊四百文四吊八百文不等如來到門首看病者給錢數百作為門脉

43. 西瓜攤

此中國擺西瓜攤子之圖也每逢夏季此瓜
盛行之際街市設有棹凳用刀將瓜切塊紅
瓤黑子名曰榆次瓜白瓤白子名曰三白其
味甚甜去暑止渴衆賣食之方便之極矣

44. 點蒿子燈

此中國點蒿子燈之圖也七月十五日以蒿
子一棵上以紙條內裹包許多香頭以火點
之似星星又有用荷葉一个中心插蠟名曰
荷葉燈俱係嬰兒玩物

45. 跑堂兒

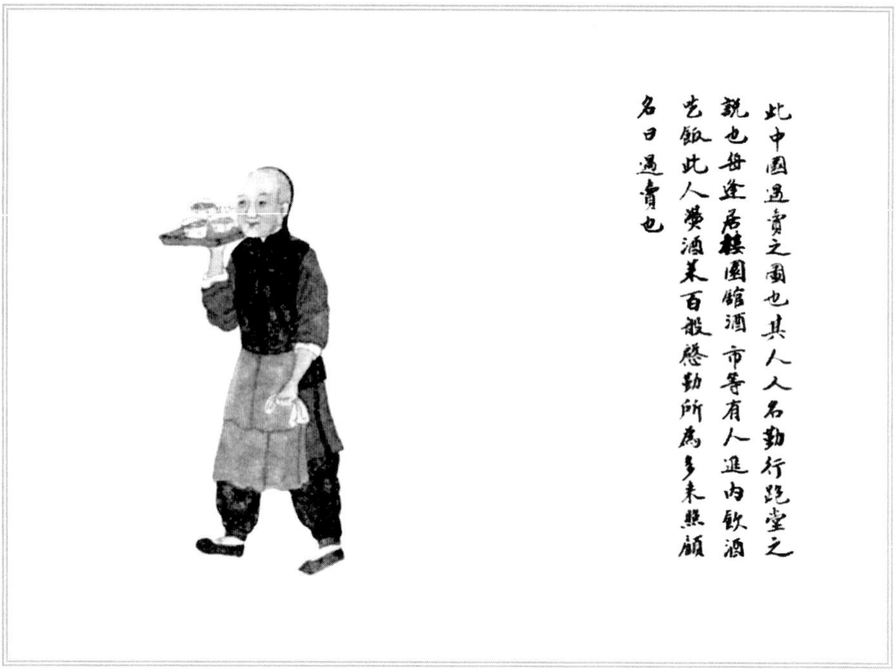
此中國過賣之圖也其人人名勤行跑堂之
說也每逢居樓園館酒市等有人進內飲酒
吃飯此人賣酒菜百般慇勤所為多未照顧
名曰過賣也

46. 賣蟈蟈

此中國賣蝸蝈之圖也中國冬夏俱有蝸蝈
冬月有三種黑紫色者名為山蝸蝈乃山中向
陽處生者青色是嫩的綠色者難得乃係用
蝸蝈子在暖處養成人力為之其價甚昂也

47. 三棒鼓

此中國三棒鼓之圖也其人陝省來京抹差
手持木棒三根下支一小鼓其棒起落于鼓
迷打沁唱討錢作為盤費非作藝江湖也

48. 送報

此中國送報之圖也其人多係山東人在京
開設報房所有外省摺奏及諭旨皆由內閣
而發其報房刷印送至各官宅舖戶之家每
日一換按月給錢名曰送報的

49. 踢毽兒

此中國踢毽之圖也此物用小銅錢一個將
毛一根以腳踢之隨上隨下有踢千餘回而
不落地者亦天寒時消遣之一法也

50. 打蛋雀

此中國打蛋雀之圖也有鳥名灰色是梧桐
黃色是蜡嘴又名蜡嘴粉紅能教打蛋用骨
做成子如往上擲二三丈高其鳥用嘴接住
有連打三個者其好也

51. 放睡

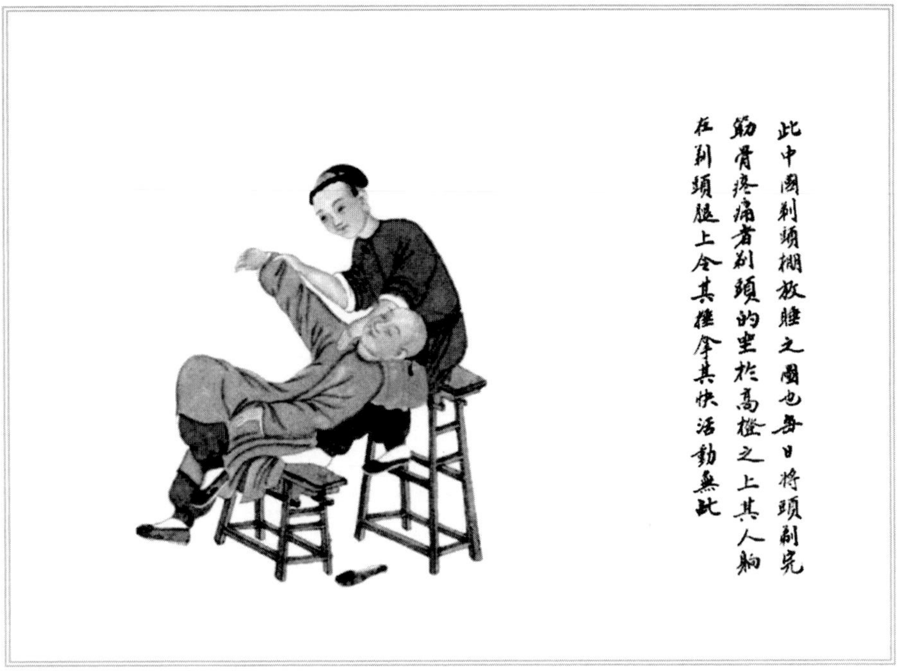
此中國剃頭棚放睡之圖也每日將頭剃完
筋骨疼痛者剃頭的坐於高櫈之上其人躺
在剃頭腿上令其捶拿其快活動無比

52. 高蹻

此中國高蹻會之圖也用木頭兩根上用木
托將此木綁在兩個腿上將男子拌成女子模
樣或二三人拌成一出戲的樣子來往闖舞
此名高蹻會

53. 吞寶劍

此中國開箱子之圖也京都有鳥名交嘴其
有黃色有紅色人飼之用紙做成小箱內盛
各樣旂旛玩物放在遠處其鳥飛去能開箱
啣其玩物而來

54. 拈香撥米

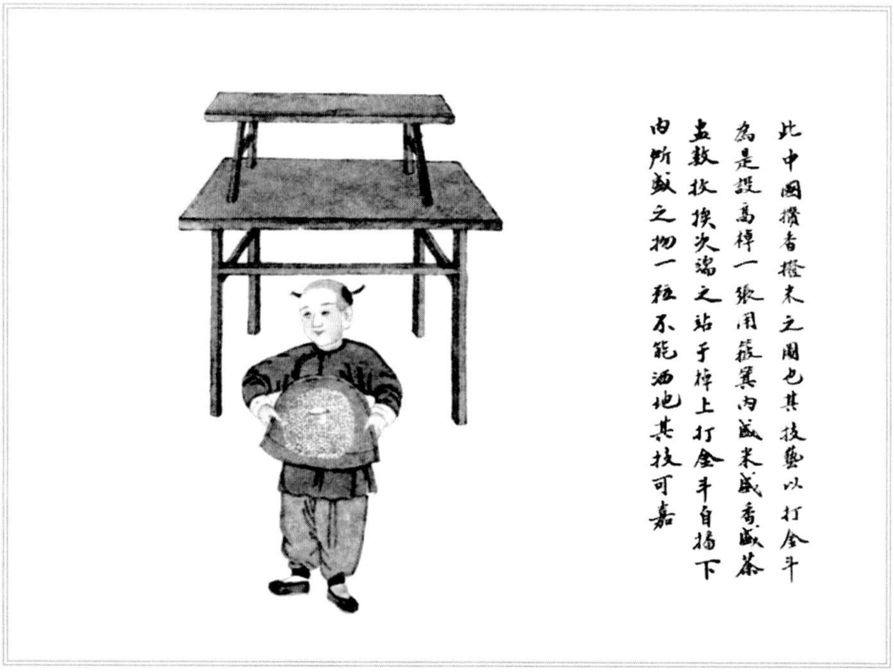
此中國攢香撥米之圖也其技藝以打金斗
為是設高棹一張用簸箕內盛米盛香盛茶
盡數放換次端之站于棹上打金斗自播下
內所盛之物一粒不能洒地其技可嘉

55. 沾燭

此中國占羊油燭之圖也燭中之蕊另有人
成做占燭者用鍋將油燉化澆在蕊上成燭
澆成有八枝一斤十枝一斤不等紅白兩色
紅者紫草染之

56. 耍叉

此中國耍杈之圖也人練習此杈亦有無
數花樣望空抛去一二丈高上下翻飛
能在身上各處飛轉練此藝者可在
天橋等處搭蕩子無非是索錢餬口
也

57. 焊水煙袋

此中國銲水烟袋之圖也其人用小炉風箱銅
錫銲葯如有損壞物件令其收拾則能覆舊如
新之技也

58. 什不閒

此中國小什不閑乞丐之圖也其人用粉模丑臉
以木盤盛小鼓門鈸搞打唱曲為要錢文而已

59. 打糖鑼

此中國打糖鑼之圖也其人小本營生所賣者
糖棗豆食零星碎小玩物以為哄幼孩之悅者
也

60. 賣鞭子

此中國賣皮鞭子之圖也其人身抗一木架
所賣羊觔弓弦大小皮條杆等物沿街抗之
而賣也

61. 跑旱船

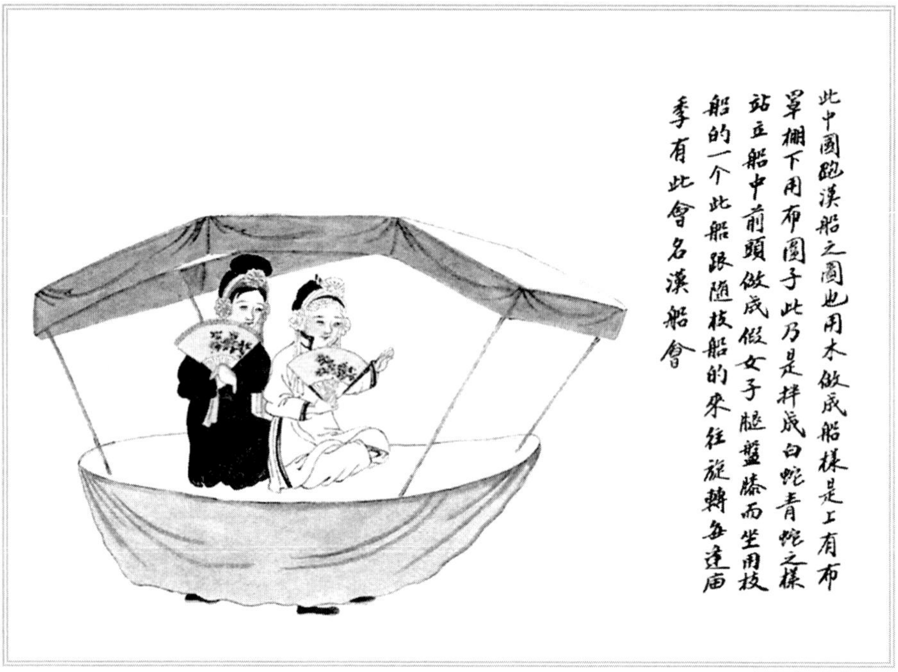
此中國跑漢船之圖也用木做成船樣是上有布
罩棚下用布圍子此乃是拌成白蛇青蛇之樣
站立船中前頭做成假女子腿盤膝而坐用枝
船的一个此船跟隨枝船的来往旋轉每逢廟
季有此會名漢船會

62. 江米人

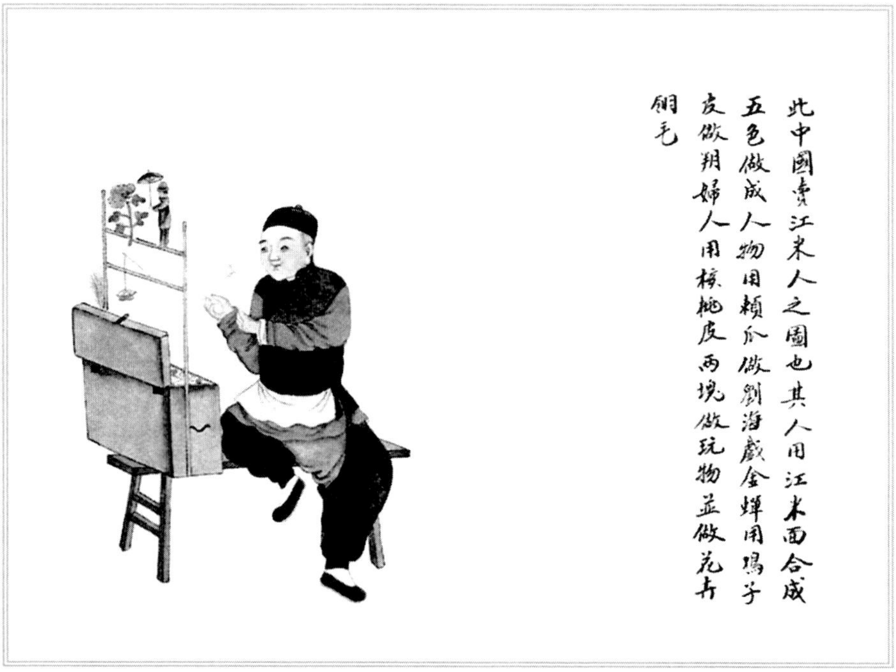
此中國賣江米人之圖也其人用江米面合成
五色做成人物用顏色做劉海戲金蟬用鴨子
皮做翔婦人用棕櫚皮兩塊做玩物並做花卉
翎毛

63. 吊爐燒餅

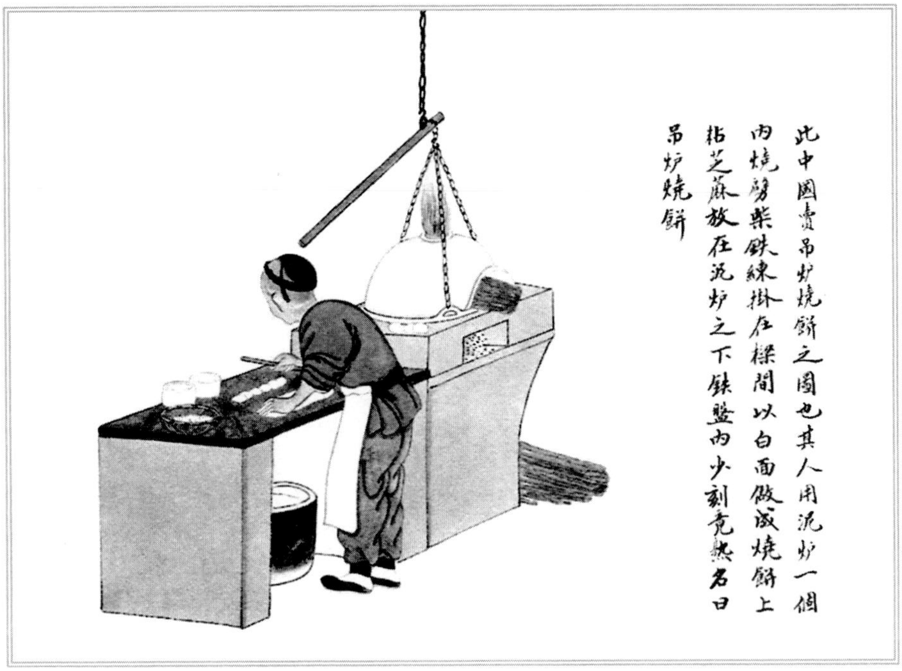
此中國賣吊炉燒餅之圖也其人用泥炉一個
內燒劈柴鉄練掛在樑間以白面做成燒餅上
粘芝蔴放在泥炉之下鉄盤內少刻烹熟名曰
吊炉燒餅

64. 瞧香

此中國瞧香之圖也病人服藥無效請瞧香視
此項皆係婦女至家進假托神鬼言語以促人
听燒香炉中看之或用藥或許愿則癒效否兩
可耳

65. 賣估衣

此中國賣估衣之圖也其估衣俱係穿舊自當
舖或小市各處買得四季單夾皮棉紗各色衣
服在街市設攤售賣名曰估衣

66. 賣莞豆糕

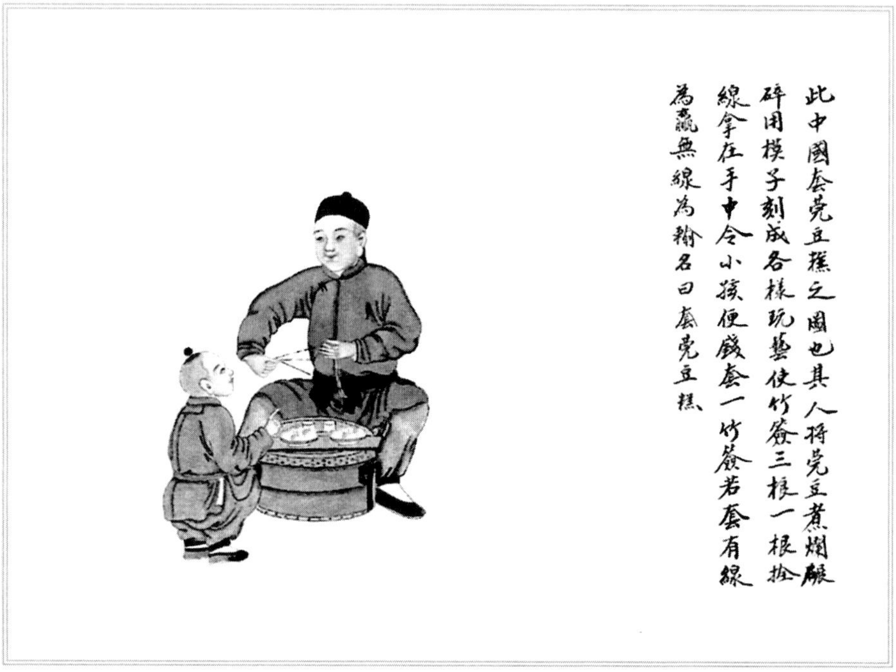
此中國套莞豆糕之圖也其人將莞豆煮爛碾
碎用模子刻成各樣玩藝使竹簽三根一根拴
線拿在手中令小孩使錢套一竹簽若套有線
為贏無線為輸名曰套莞豆糕

67. 吹水泡

此中國雨水泡之圖也此物必須連陰天用雨
水着紫城松香調和盛在碗內用竹披作圈点
水往空掠去成泡借日光照之化五彩顏色名
曰雨水泡

68. 奶媽兒

此中國僱乳母之圖也又名奶媽子皆人家產
生嬰兒缺乳者須僱鄉間之人哺其嬰孩此項
婦人愿為掙人銀錢大半多係京東人按月給
工價之外必增討醫球衣服等物

69. 搖車

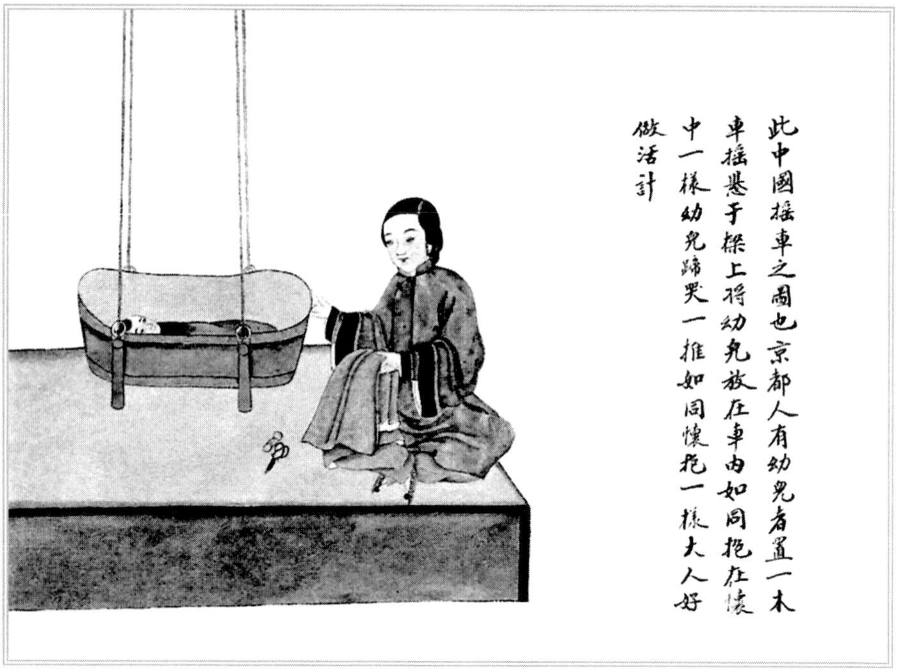
此中國搖車之圖也京都人有幼兒者置一木
車搖懸于樑上將幼兒放在車內如同抱在懷
中一様幼兒啼哭一推如同懷抱一様大人好
做活計

70. 耍石擔

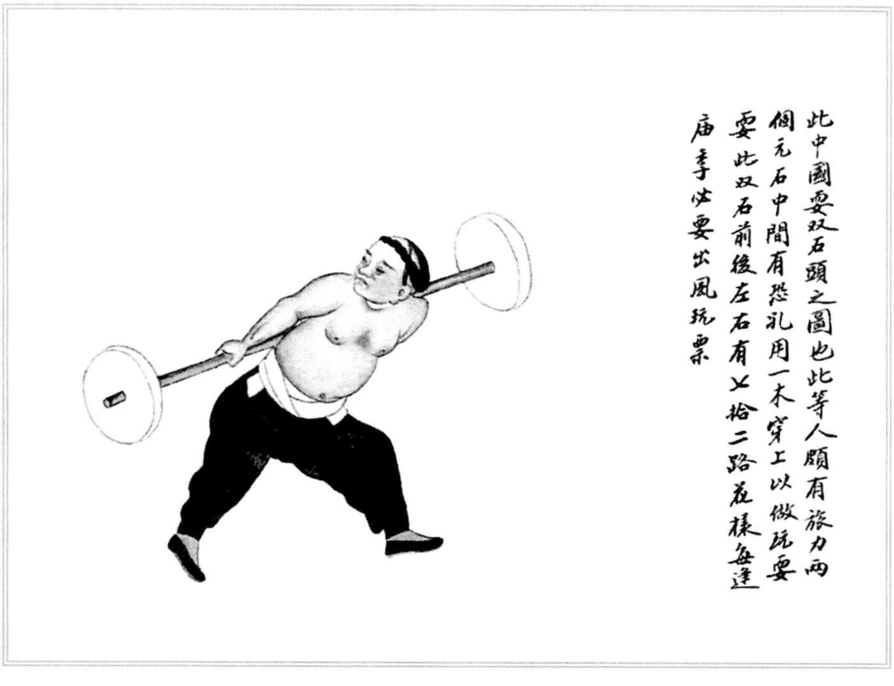
此中國耍双石頭之圖也此等人頗有旅力兩
個元石中間有恐孔用一木穿上以做玩耍
耍此双石前後左右有乂拾二路花様每逢
庙季必要出風玩票

71. 吹糖人

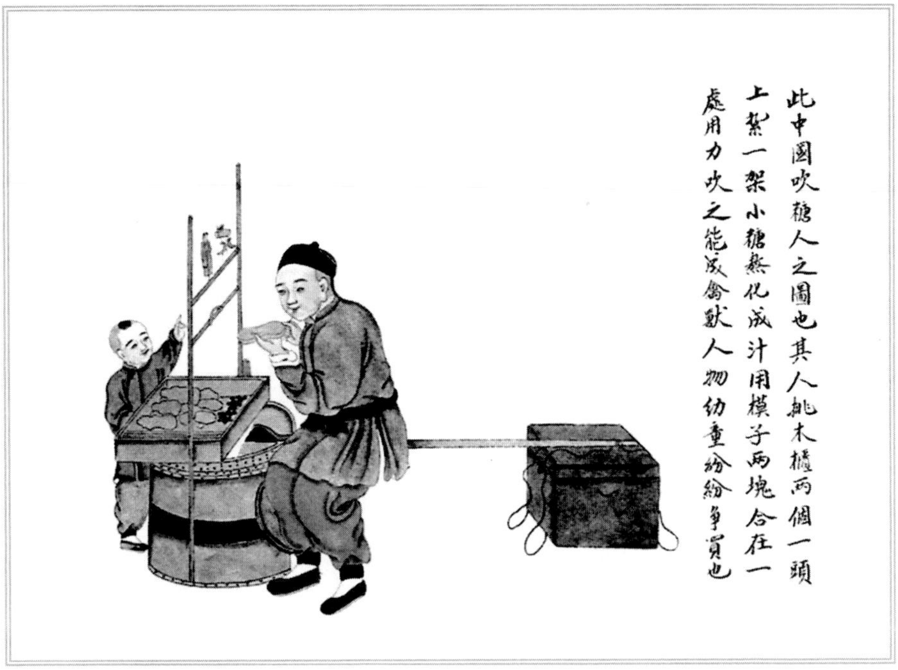
此中國吹糖人之圖也其人䑛木櫃两個一頭
上紥一架小糖熬化成汁用模子两塊合在一
處用力吹之能成禽獸人物幼童紛紛爭買也

72. 賣仙鶴燈

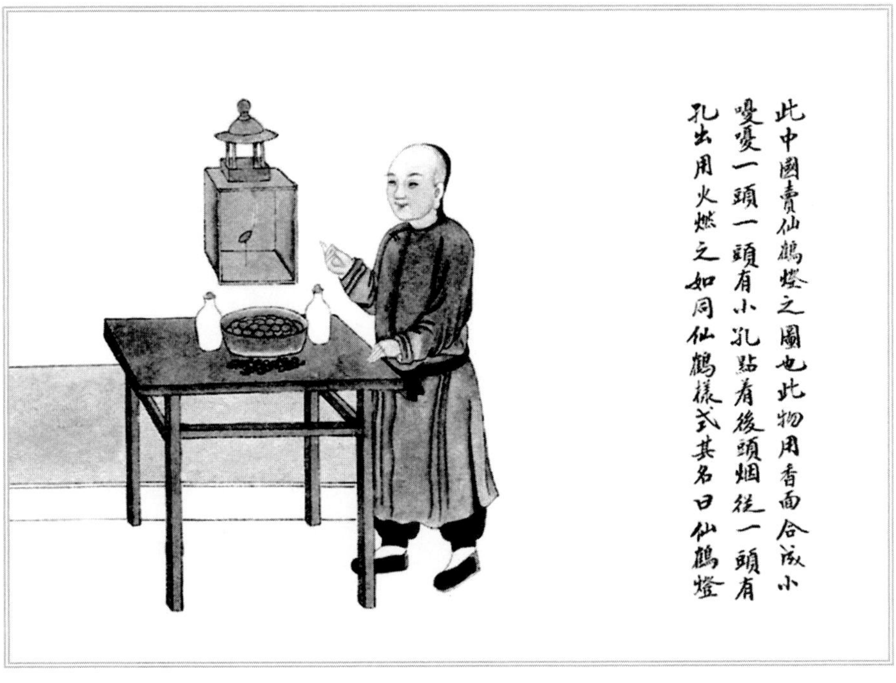
此中國賣仙鶴燈之圖也此物用香面合成小
嘎嘎一頭一頭有小孔貼着後頭烟從一頭有
孔出用火燃之如同仙鶴樣式其名曰仙鶴燈

73. 收拾錫器

此中國收拾錫器之圖也其人肩搭口袋內裝
鉄錐鉗子等具手用竹竿上拴灯台茶壺等器
至住戶門首吆呼收拾錫拉傢伙貼換也可已

74. 烙煎餅

此中國烙煎餅之圖也其人用小米黃豆用水
磨成汁放于盆內用杓盛至鏊上用小竹扒撥
的即薄烙法即快名曰煎餅

75. 飛鏢

此中國投鏢之圖也一站立木板前一人用鏢
刀拸去將挨由皮不能傷人所演手眼之準法
二對換匀能一律遠近一數步以外拸鏢名曰
投鏢刀也

76. 耍碗

此中國耍碗之圖也其人用碗一個在棍頭上
耍轉又用木架浮擺能在棍頭上將碗放在架
上飛轉不能吊以可啣在口内耍之又有小艙
刀叉子魚等物以可浮擺耍之名曰什錦雜耍

77. 賣春聯

此中國賣春聯之圖也此係能寫大字之人年底
無事用卓一張備下紙筆墨硯沿街擺攤書寫
對聯賣之
鴻禧
福
國恩家慶

78. 賣鮮花

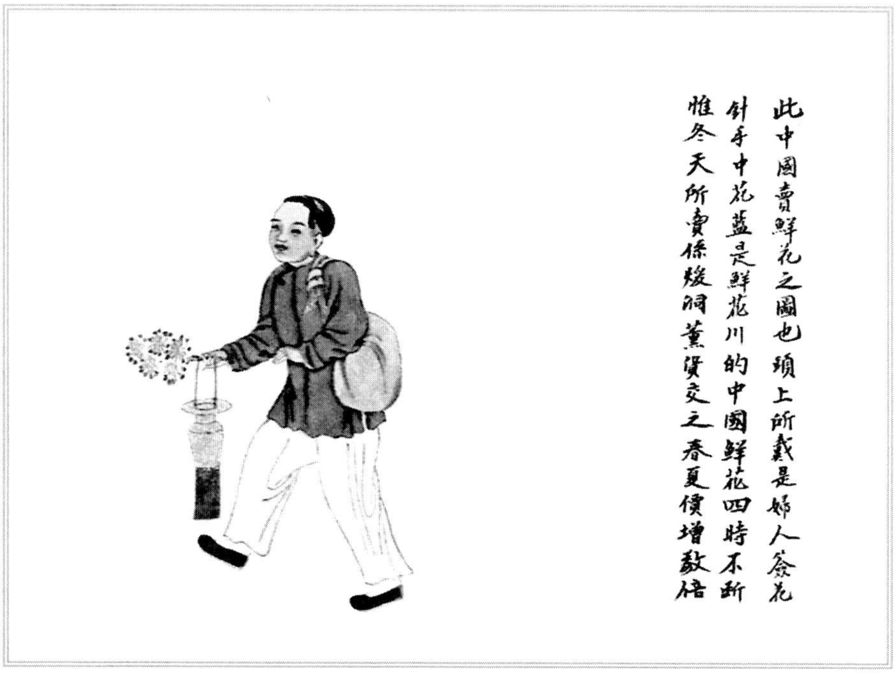
此中國賣鮮花之圖也頭上所戴是婦人簪花
針手中花藍是鮮花川的中國鮮花四時不斷
惟冬天所賣係幾洞薰貨交之春夏價增數倍

79. 賣白蔱

此中國賣白蔱之圖也其人將生白蔱挑至
家中用淨水洗過放入焗内蒸熟街巷零賣
其味甜不堪鮮飢不宜多食

80. 耍罎子

此中國耍罈子之圖也此人用大小酒罈耍之
有腦尖盤肘腰串之名色並有小石鎖搜空安
鈴鐺在內名為花磚一樣耍法也

81. 頂寶塔

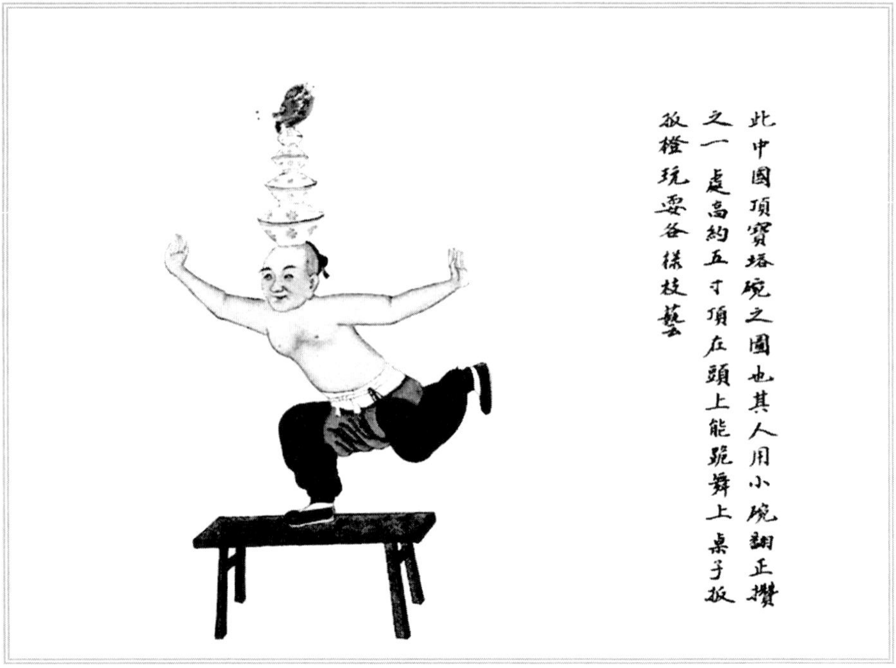
此中國頂寶塔碗之圖也其人用小碗翻正攢
之一處高約五寸頂在頭上能跳舞上桌子板
板櫈玩耍各樣技藝

82. 賣琉璃喇叭

此中國賣琉璃喇叭之圖也其人用碎玻璃溶
化吹成喇叭又有咊咊聲以每逢冬春庙場遊
人必買吹之响聲喊鄒鄒連音吹之可听俱買
也

83. 乞丐

此中國乞丐人之圖也其人或街市或廟場熱
鬧之地用一犬蹬碓打鈸討要錢文度日而已

84. 耍火流星

此中國耍火流星之也其人用繩一根兩頭拴
鉄絲絡内或炭点着名曰大流星用碗或水名
曰水流星用手耍之或脚在口内或仰卧在地
耍有二龍戲珠觀洋過海背劍片馬等名色在
街市以此為戲要錢

85. 拾糞

此中國拾糞之圖也其人四鄉之人俗名掏
茅厠的身背木桶一個手拿木把鐵勺一把
夜晚持灯其灯三面糊紙一面玻璃一塊名
爲諸葛灯所暗處照明看得清也

86. 練皮條槓子

此中國練皮条槓子之圖也其人街市用三根
木根捆一架子上拴皮条二根其人手拿皮条
所練之藝招數新鮮出類超羣無所可比也

87. 磨刀剪

此中國磨刀剪之圖也其人用板櫈上綑石頭
一塊綁住小水罐一個每逢到街市之上以喇
叭吹之為號有新刀剪必須鎗閻磨開口可也

88. 捨冰水

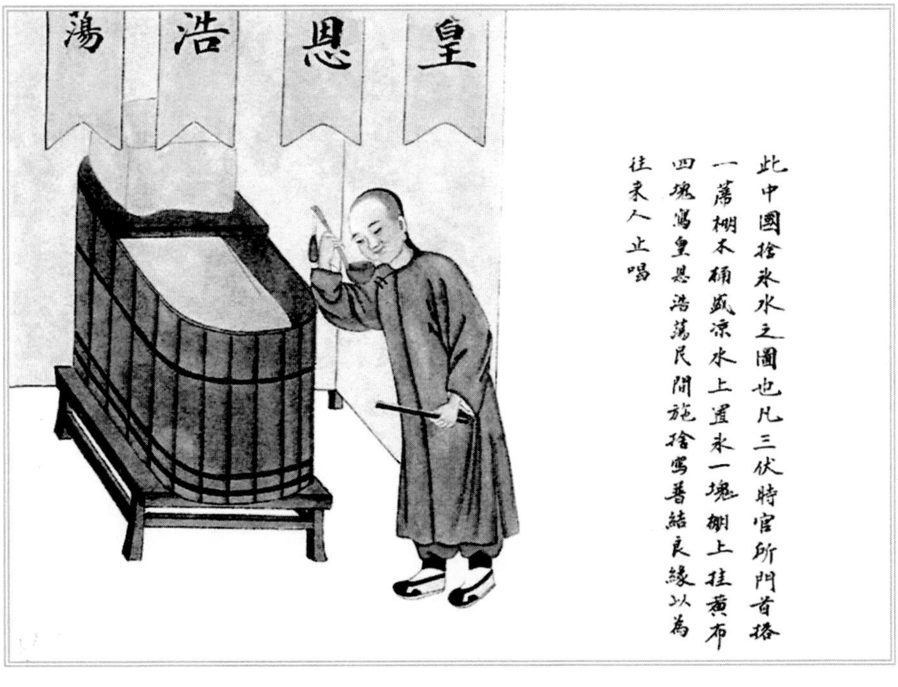
皇
恩
浩
湯
此中國捨冰水之圖也凡三伏時官所門首搭
一蓆棚木桶盛涼水上置冰一塊棚上挂黃布
四塊寫皇恩浩蕩民間施捨寫善結良緣以為
往來人止喝

89. 賣玻璃鏡

此中國賣玻璃鏡之圖也其人將碎玻璃溶化
飛薄片用紙麻好上畫人物等項用蔴楷
夾之身背紙箱沿街售賣也

90. 串鈴賣藥

此中國串鈴賣藥之圖也其人係江湖之士服
中徽通醫数明点藥性口有佞才即往各省遊
藝一手將串鈴搖動一不等看病時日視其色
言能変化尚代賣藥無非求衣食也

91. 西湖景

此中國看西湖景之圖也天下之景無勝于
西湖所已取此為名然造此物者種種不一
有大有小用鑼鼓唱歌者有指畫中景之而
說者遇廟集者即多分掙也

92. 賣檳榔

此中國賣梹榔之圖也其人用櫃籠內裝安南
海南梹榔沿街售賣每枝用剪夾碎數個買去
衆星食之

93. 拉冰床

此中國拉氷床之圖也京都城根護城河冬天
凍氷時其人以木做成床下按鉄条二根在河
内放有來往人坐之其人以繩拉之行走一門
三里之遥每人給錢三百文

94. 賣茶湯

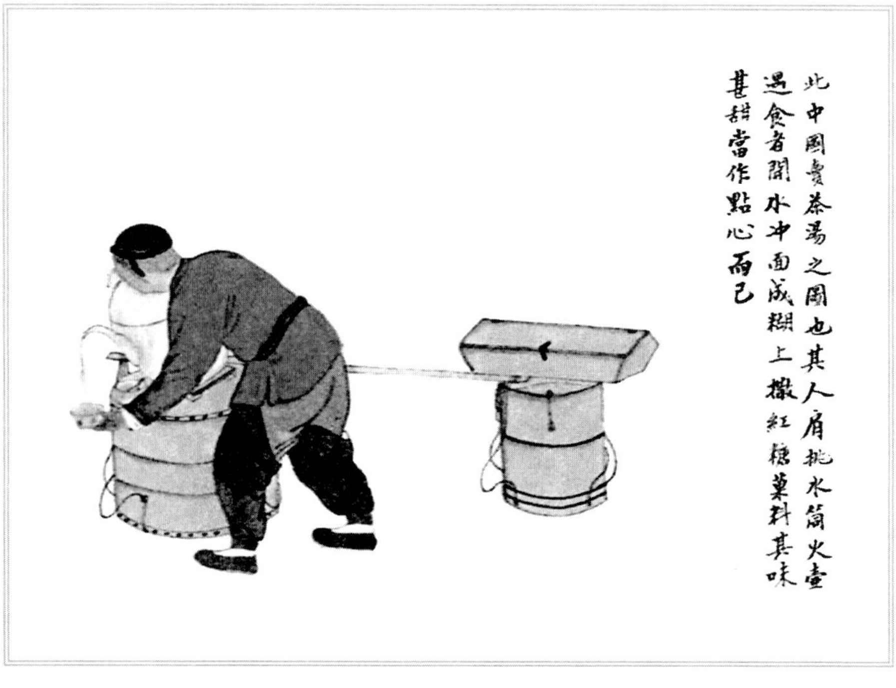
此中國賣茶湯之圖也其人肩挑水筒火壺
遇食者開水冲面成糊上撒紅糖菓料其味
甚甜當作點心而已

95. 剃頭

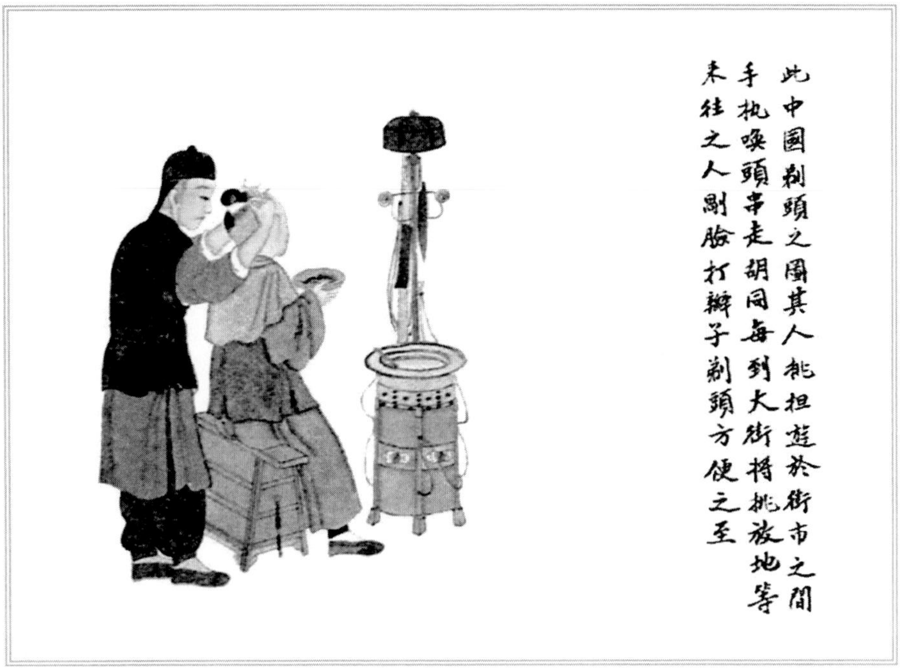
此中國剃頭之圖其人挑担遊於街市之間
手执唤頭串走胡同每到大街將挑放地等
來往之人剔脸打辮子剃頭方便之至

96. 賣芝蔴稭

此中國賣芝蔴稭之圖也其人身挑筐架内盛
芝蔴稭松木枝在沿街吆呼賣于住戶年底祭
神焚化也

97. 修腳

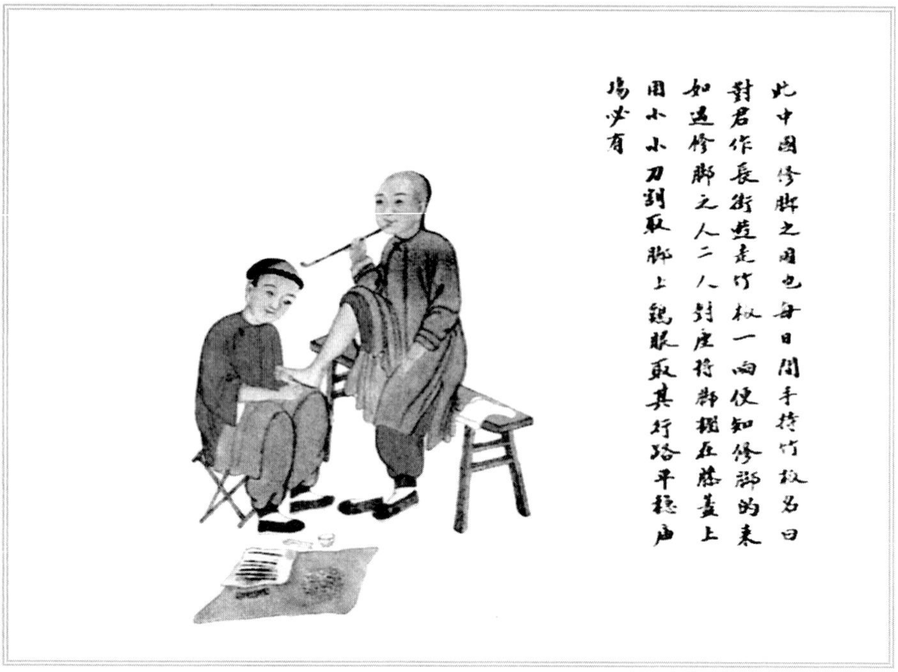
此中國修脚之圖也每日間手持竹板名曰
對君作長街遊走竹板一响使知修脚的来
如過修脚之人二人對座將脚擱在膝蓋上
用小小刀割取脚上鷄眼取其行路平穩亦
爲必有

98. 賣鴨蛋

此中國賣鴨蛋之圖也其人由勝房賣來若干
在京醃鹹賣於人食之其味甚美

99. 耍耗子

此中國耍耗子之圖也其人用一木架上有各
樣玩物小鼠數個順繩梯扒上有小鼠能蹬塔
進瓜汲水吊魚令人賀彩助賞言鼠小難教賣
藝用銅鑼為號

100. 翻跟斗

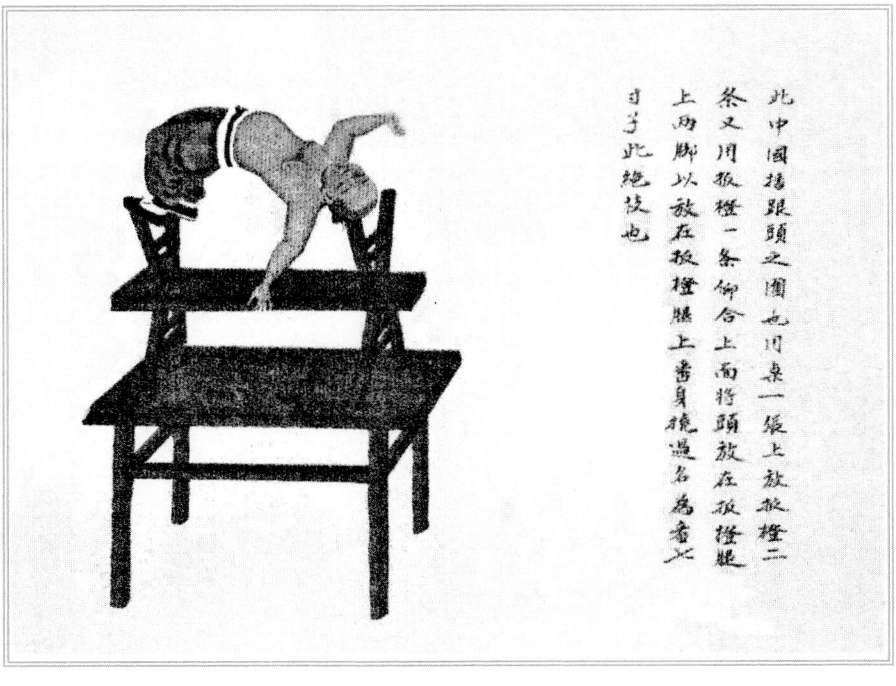
此中國搖跟頭之圖也用桌一張上放板櫈二
條又用板櫈一條仰合上面將頭放在板櫈腿
上兩腳以放在板櫈腿上番身繞過名為番七
寸子此絕技也

第四部分　北京風俗圖

俗名：北京風俗圖
作者：陳師曾
時間：1911～1914 年
規制：畫片
數量：34 幅
現存：北京中國美術館

1. 旗裝少婦

一套新衣費剪量，淡紅衫子內家裝。金鈴小犬隨儂走，飯罷銜煙逛市場。——青羊

2. 牆有耳

牆從缶翁釋作牆見

莫談國事貼紅條，信口開河禍易招。仔細須防門外漢，隔牆有耳探根苗。

北京茶坊酒肆，每貼莫談國事紅條，戒客之調言而累己也。茲圖似有偵察狀，金人三緘之箴餐不慎乎。——中元甲申閏四月初吉童大年七十二客海上。

3. 旱龍船

遊戲人間百不思，小娘低唱小郎隨。忽然大陸看龍起，結局蒼茫只自知。

北京城有所謂跑旱龍船者，類皆魯人為之，時易田家小兒女裝服，銀鼓唱曲，繼乃駕竹製龍船，迴旋舞跋，供人玩賞。童年習此為業，以博微利，聊勝於偷惰之乞兒耳。——康

4. 拾破爛

撿破布，拾殘紙，老夫無日不如此。世間之物無棄材，鐵鉤收人籠中來。——青羊居士

熱心偏肯惜仰殘，文字無靈目莫歎。大好河山方破碎，兒人收拾不嫌難。——北樓

5. 算命

莫怪世人憎直語，談玄微中曾南翔。壽夭禍福端由命，江海潯深寧可量。——穆庵

迷性迷性，笑我說命。手鼓一通，世人莫醒。我目虹盲，我心尚省，熙熙攘攘，誰參此境。——青羊居士

6. 背子

相君之背，力大於身。其體壁立，其象輪囷。物高於順，頗勞搏擔。遠能致之，謙言負負。——癸未八月張啟後

如蝮蟻之馱粟，似贔見之負碑。累累然相對，豈徒日芒刺在背。——孝起

7. 拉駱駝

駝夫踏遍六街塵，倚炕圍爐萬戶春。借問長安行路客，雪中送炭有何人。——甲午三月鄭午昌

行如隊，味尤穢，春來毛脫皮如韇。數見則不鮮，誰曰馬腫背。——大鐙

8. 喪門鼓

鼓聲起，壯士厲。不作漁陽操，有客先揮涕，寄語司閽人。海內方鼎沸，胡不移置大軍前。填然一振懦大氣。——丙辰冬日昊興金城

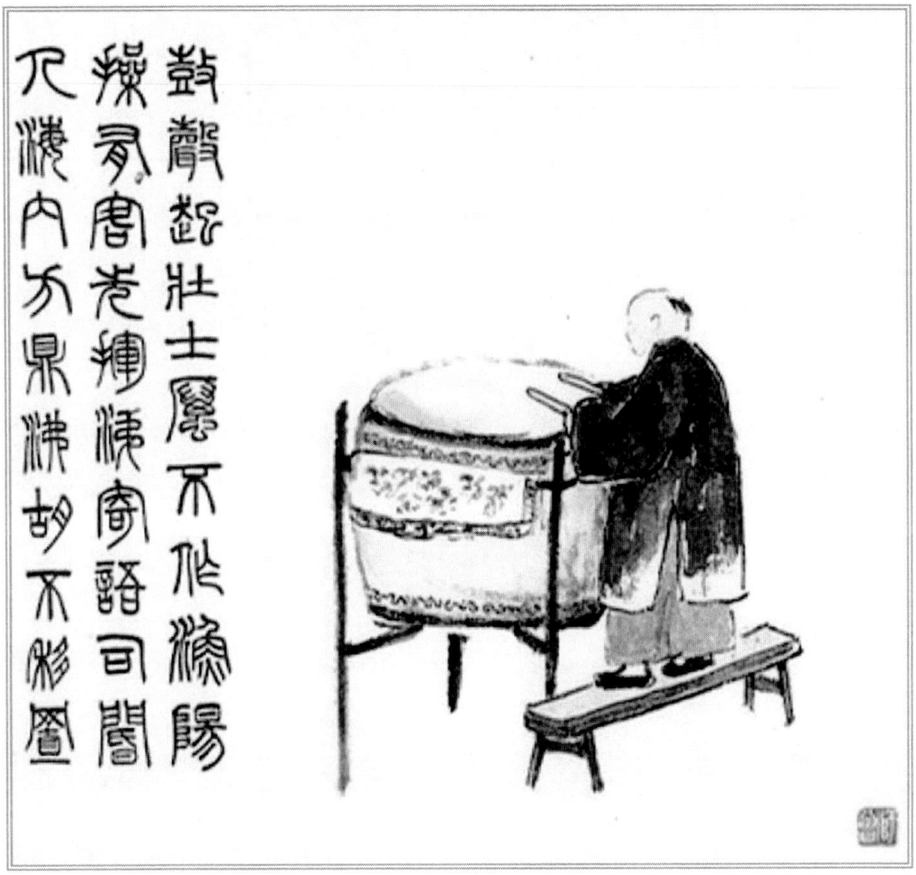

9. 賣切糕

動地回風塵滿城，驅車繞街歌一聲。不憂衣寒憂餅冷，男兒事業須早成。北京土民常用大黃米磨粉，和以黃豆紅棗等壓製成餅，繞街呼賣，俗名切糕。業無高卑，志有勤惰。世人蒙此，幸三省焉。康寫記。

大米黃，小米黃，老伴共磨到天光。釜中蒸熟不敢嘗，手車推出大路旁。半日賣盡歡洋洋，叵羅銅子數來數來忙，明朝天雨，何以為糧。——青羊居士

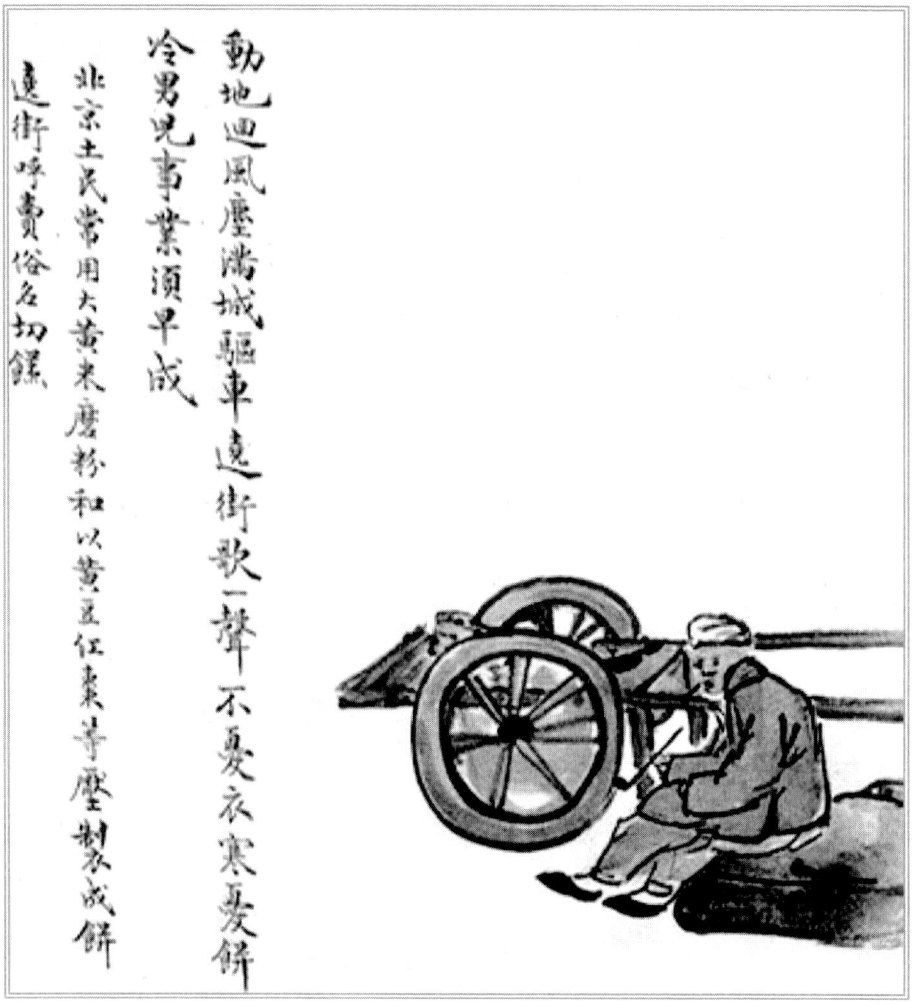

10. 乞婆

予觀師曾所畫北京風俗，尤極重視此幅，蓋著筆處均能曲盡貧民情狀。昔東坡贈楊耆詩，嘗自序云：女美惡，富者妍。士無賢不肖，貧者鄙。然則師曾此作，用心亦良苦矣，覽竟為係一絕。

垢顏蓬鬢逐風霜，乞食披塵叫路旁。此去回頭君莫笑，人間貧富海茫茫。

——乙卯冬至程康寫記

11. 大鼓書

白雪陽春世厭聞，巴人下里日紛紜。居然別有弦歌曲，點緩升平到十分。——蒲盧

紛紛珠玉聲聲鼓，激楚纏綿總斷魂。倘許添香間細聽，梨花滿地不開門。——甲申春三月鄭午昌

12. 抗街

北地移家少用拾，抗街低首亦生財。男兒練得頭臚好，強項勝他捷足開。——青羊

父母撫養，祝其日長。奈何以重，壓之頂上。——大鏜

13. 趕大車

龔翠岩畫中山出遊圖中，繪馗妹雙順微粉，以淡墨染之，設稱奇絕，此幅庶幾抗手。——遐翁

山行大鐵圍，神鬼是耶非。白特烏騅似，人多包合肥。——大鐙

14. 賣烤白薯

夫也不良，生此兩郎。苦我街頭，博一日糧。——青羊

淒淒北風，守彼兒童。饑則白薯，渴則山裏紅。據甂而坐，如倚薰籠，閒來偷吸有雲龍。——百尺樓

15. 話匣子

話匣子，話匣子，唱完一打八銅子。兄呼妹，弟呼姊，夕陽院落聽宮商，神乎技矣有如此。

燕市伶工絕妙腔，流傳海外號無雙，鴻升嘎調鑫培韻，此派由來異外江。——青羊居士

繞梁三日有餘音，一曲真能值萬金。自得留聲舊機器，十年糊口到而今。——大鏡居士

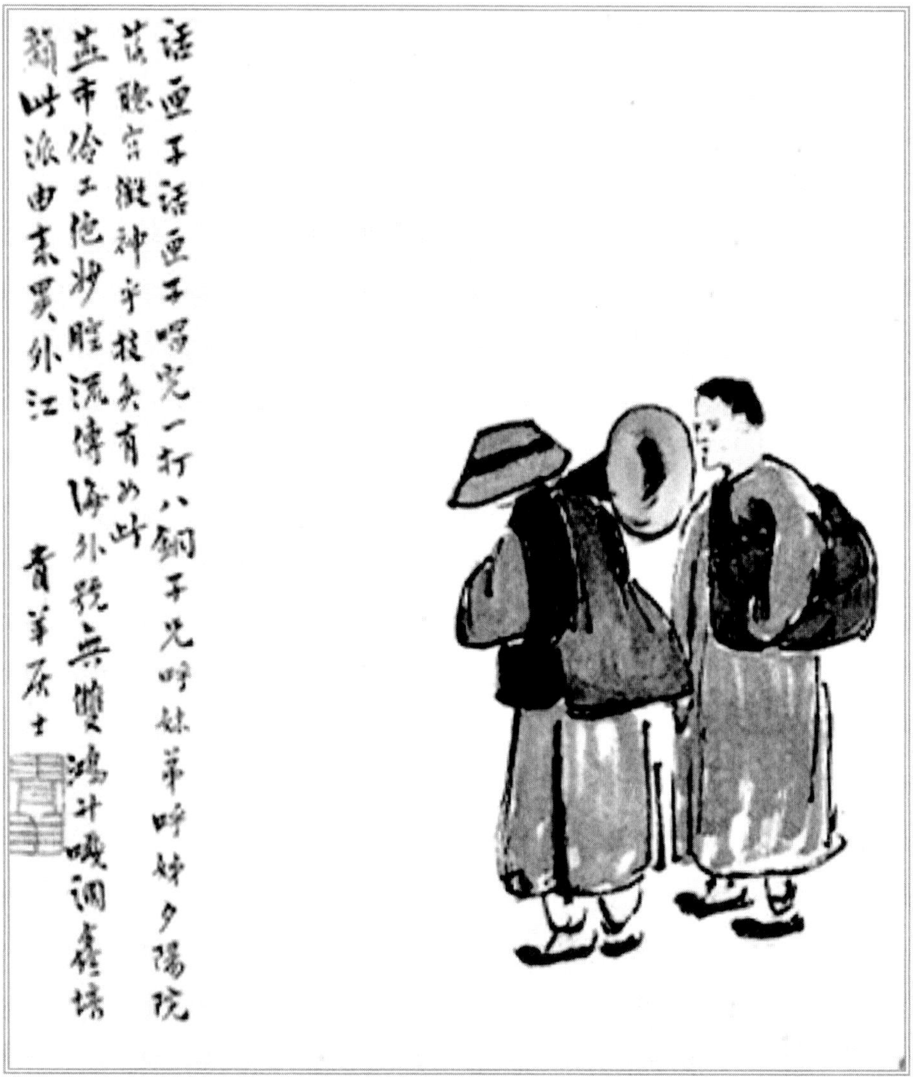

16. 敲小鼓

朝空一擔出，暮滿一擔歸。但敲小鼓響，不用扣荊扉。有時得奇珍，入市腰纏肥。窮巷寂無聞，此輩多依依。——青羊

17. 品茶客

頭戴鼠皮帽，低首行街途。我是品茶客，漫呼大茶壺。——青羊居士

陶不必宜興，刻不必曼生。賤彼酒人與煙客，中有釃茶溫可歸。不過告之行路者，曰吾在理門。——大錯

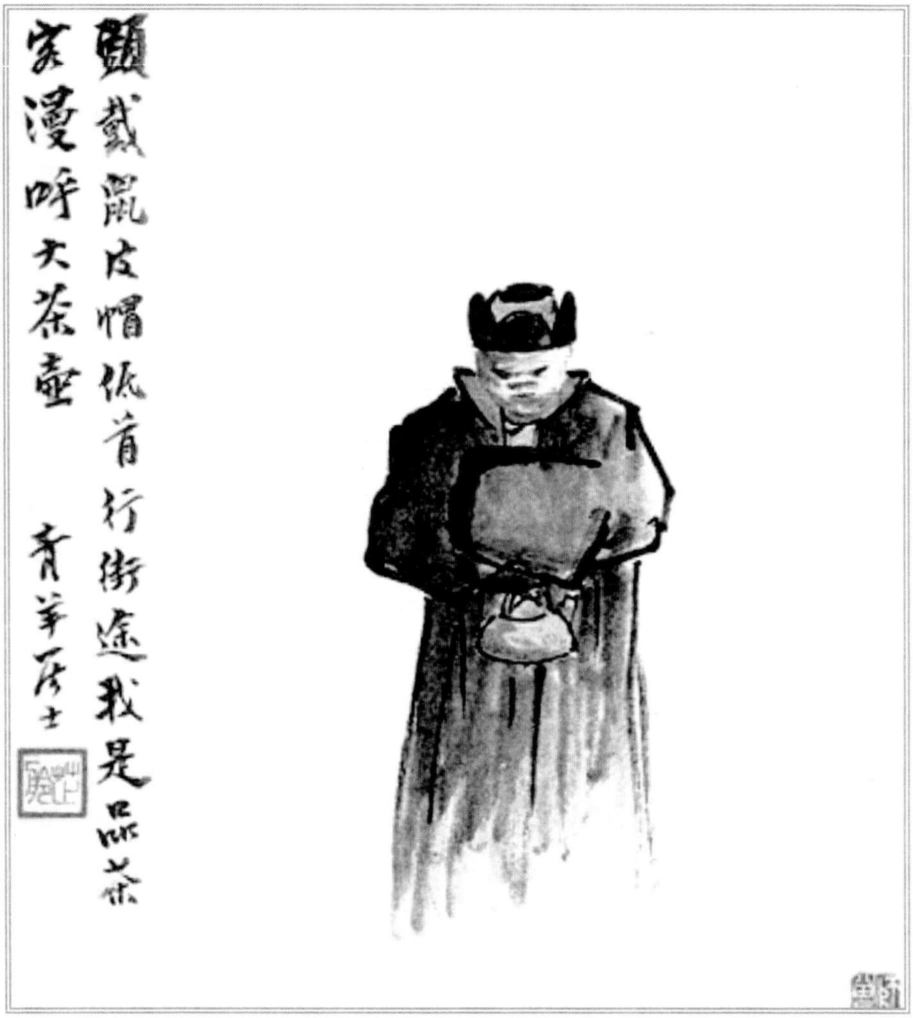

18. 菊花擔

吃過正陽樓螃蟹，買來土地廟菊花。一枝土定插欹斜，絕勝盆花作假。
——青羊

無聊十載客京華，點綴重陽有菊花。只惜粗材真似婢，一燈相對倍思家。
——吾止

19. 調鳥

小人閒居，無以自娛。一飲一啄，日與鳥俱。——鑄麟

20. 冰車

世人抱熱炭，我獨御蹈冰。聚之為山阜，恍如北極形。——青羊

世態自炎涼，吾心自清潔。未免效馳驅，不屑因人萎。——丁巳正月金城

21. 水夫

風伯揚塵起，素衣化為緇。勺水勿嫌少，功澤勝雨師。——北樓

十日有雨爾閒娛，十日不雨爾街衢。買臣有妻爾獨無，奚為呼汝潑水夫。——青羊居士

22. 磨刀人

第一關山秋氣高，無衣誰與念同袍。英雄肝膽女兒事，唱出新聲磨剪刀。——永嘉馬公愚

廚下燈前動欸諮，剪刀在手總遲遲。磨來竟比併州快，如此才能值一吹。——孝起

23. 針線箱

小鼓冬冬繞畫樓，年年憑與繡春愁。人間那識平原貴，一代豪華逝水流。——程康

《倒疊前韻》：華年易逐落花流，粉黛慵施對鏡愁。梁燕未歸春寂寂，驚閨聲透最高樓。——中元甲申首夏七十二叟童大年

24. 賣胡琴

皮黃更迭奏蕭蕭，蹭蹬街頭晚復朝。應有知音逢陌路，欲從吳市學吹簫。——墨鴛鴦樓主鄭午昌

知音識曲，自謂不俗。此絲此竹，聊果吾腹。——陳氏赤子

25. 人力車

捷足功名小著鞭，平生寧肯讓人先。廬山真面終難識，腰折低頭亦可憐。
——十七題

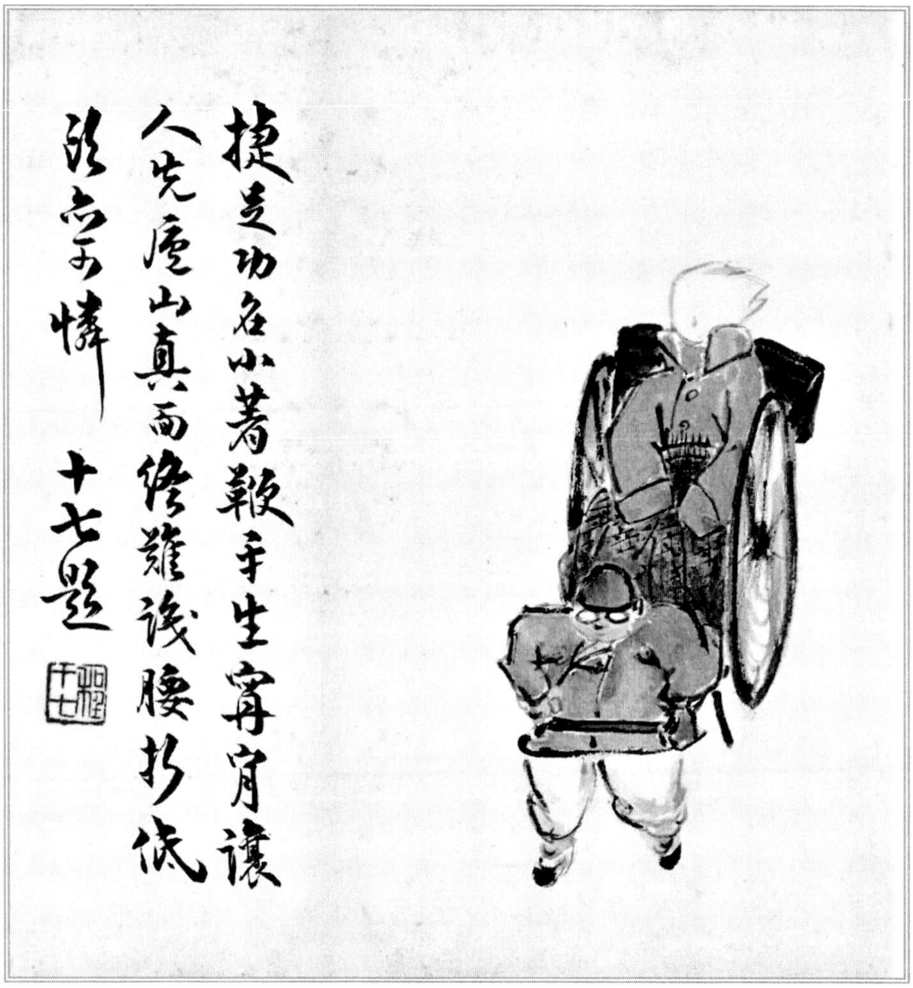

26. 壓轎

七十老姤百事無，猶著嫁時紅繡襦。出門一步要人扶，南至喜家迎阿妹。豈不以爾無災無難樂有餘，尊爾羨爾扶上新人輿。旁觀掩口笑葫蘆，點綴一幅朱陳嫁娶圖。北京風俗，凡遇婚事，必於親友家擇一壽考多福之嫗，先乘花轎至女家迎新婦，謂之壓轎。右幅正挾扶上轎之狀，畫者尤能其畢盡其神思也。——十七

壓轎南方用小兒，北方風俗老嫗多。雞皮鶴髮龍鍾態，猶著紅衫唱喜歌。——青羊

27. 糖胡蘆

有廟命隨喜，不必有所圖。看家小兒女，輳以糖胡蘆。——丁巳重九陳正

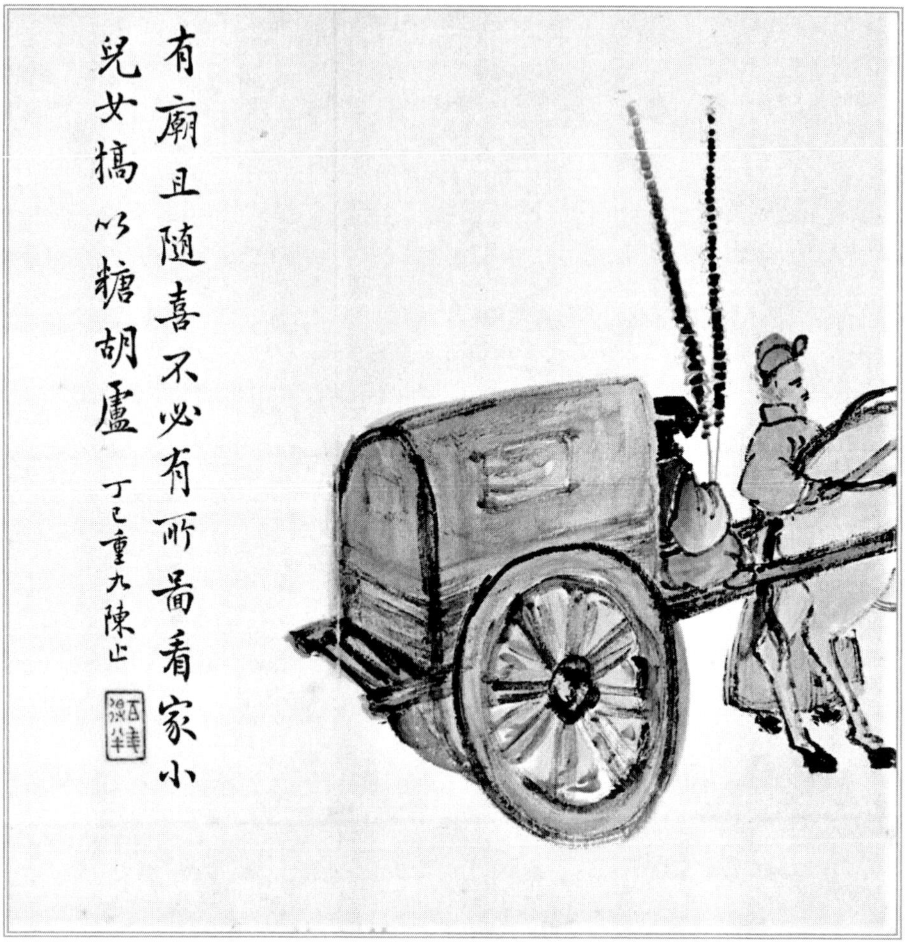

28. 喇嘛

紫衣紫帽頗夷猶，徒弟錢糧吃盡休，諷罷番經喉止痛。（喇嘛誦經聲，其音在喉，翁翁之音，千人一律，初學非練習不成。）雍和宮外找姘頭。——青羊

一串木槵子，手中隨意數。倘遇摩登伽，問汝置何處。——陳止

29. 吹鼓手

平生為口忙，百忙糊一口。那不痛肩背，亦復勞腳手。喜事有紅白，儀仗分左右。（轎槓房所謂紅白喜事，即指喪而言，其儀仗一切均有成規，來往通衢，亦分左右列，莊重整肅，尤南省所無也）而我獨前驅，其俊皆後走。頭頂帽似鉢，肩荷號如斗。進惟命是聽，遲於我何咎。況借華好衣，得探頑刻醜。昨見某氏郎，適娶東家婦。群集噪空巷，天作羨佳偶。此又奚足怪，寧謂未曾有。我窮心自甘，祝汝偕白首。——穆庵

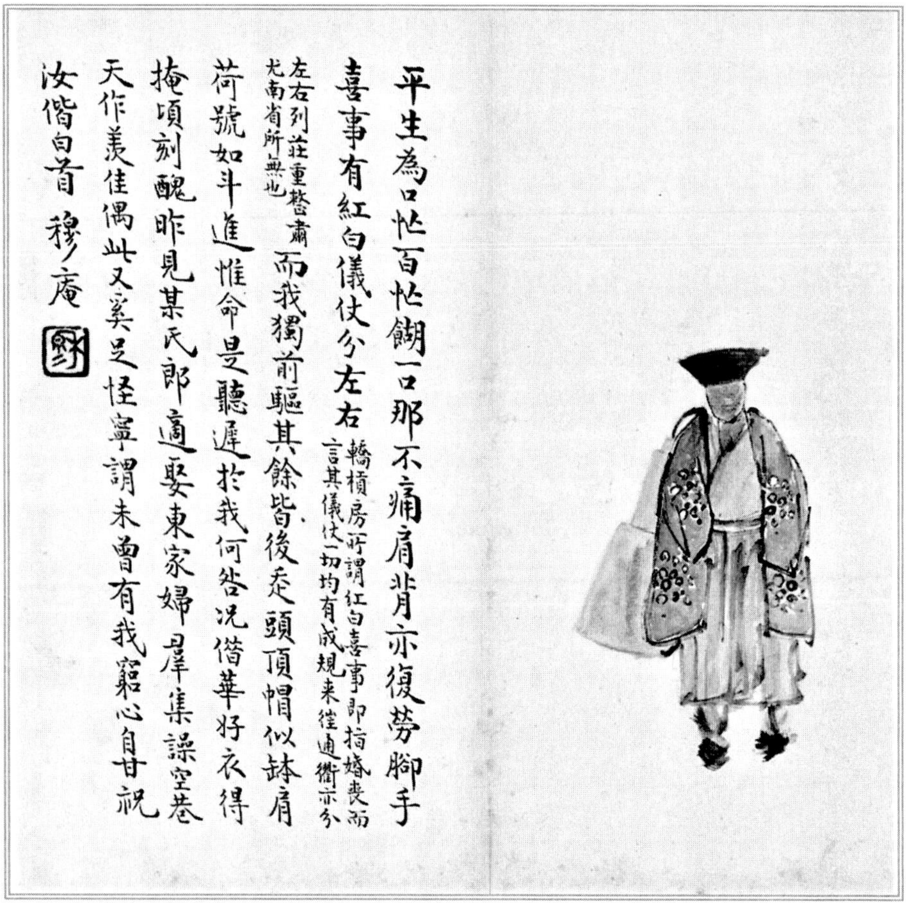

30. 陸地慈航

此乃棠壽和尚製，以專收殮街市中之棄嬰屍骸者，行之已百餘年，今不知能繼否，恐知之者少，故為拈出。——遐道人

云何陸地有慈航，一片婆心到萬腸。任是肩摩還轂軔，且容折角示周行。——大鎳

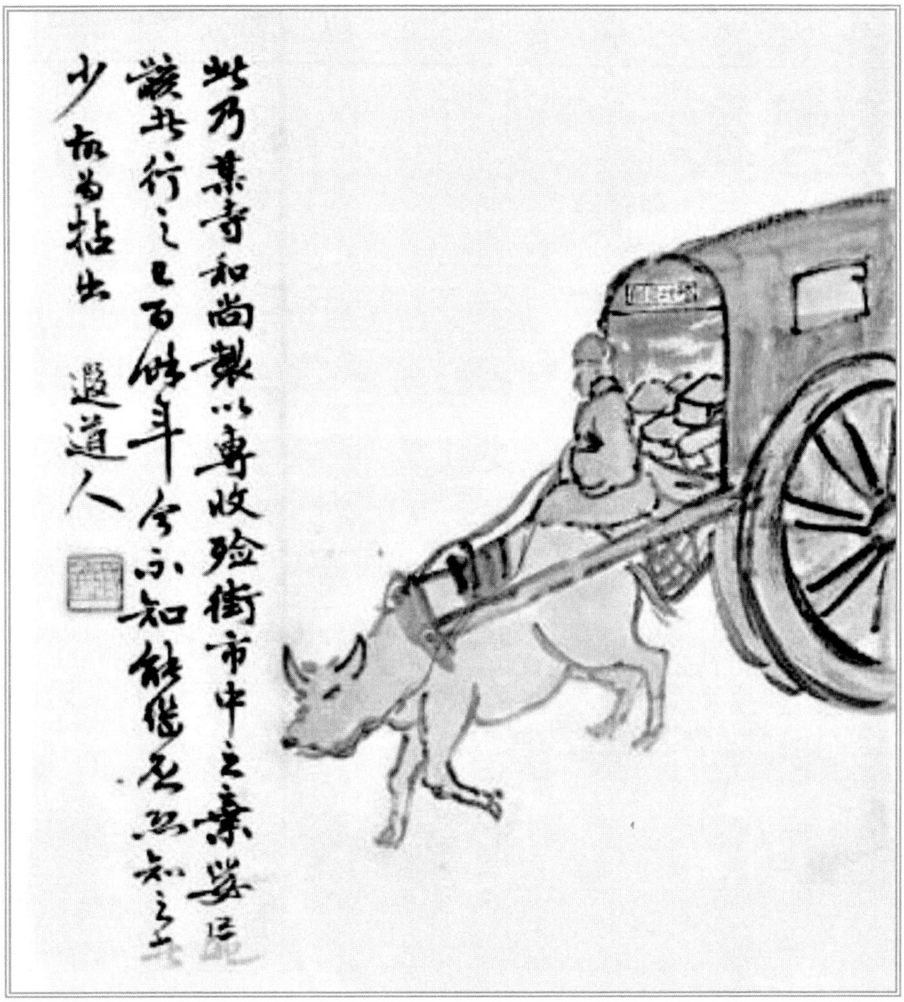

31. 掏糞工

長瓢高桶往來勤，逐臭穿街了不聞。莫道人過皆掩鼻，世間清濁久難分。——程十七

右詩寫成，覺首句尚欠穩切，今易攜瓢荷桶四字。師曾以為何如。展轉塗抹，不嫌瑣瑣，益增幾分臭味矣。大笑大笑。——十七再記

升堂入室，主人歡我。一旦不至，闔家眉瑣。吾桶蝕污，可通急緩。——青羊

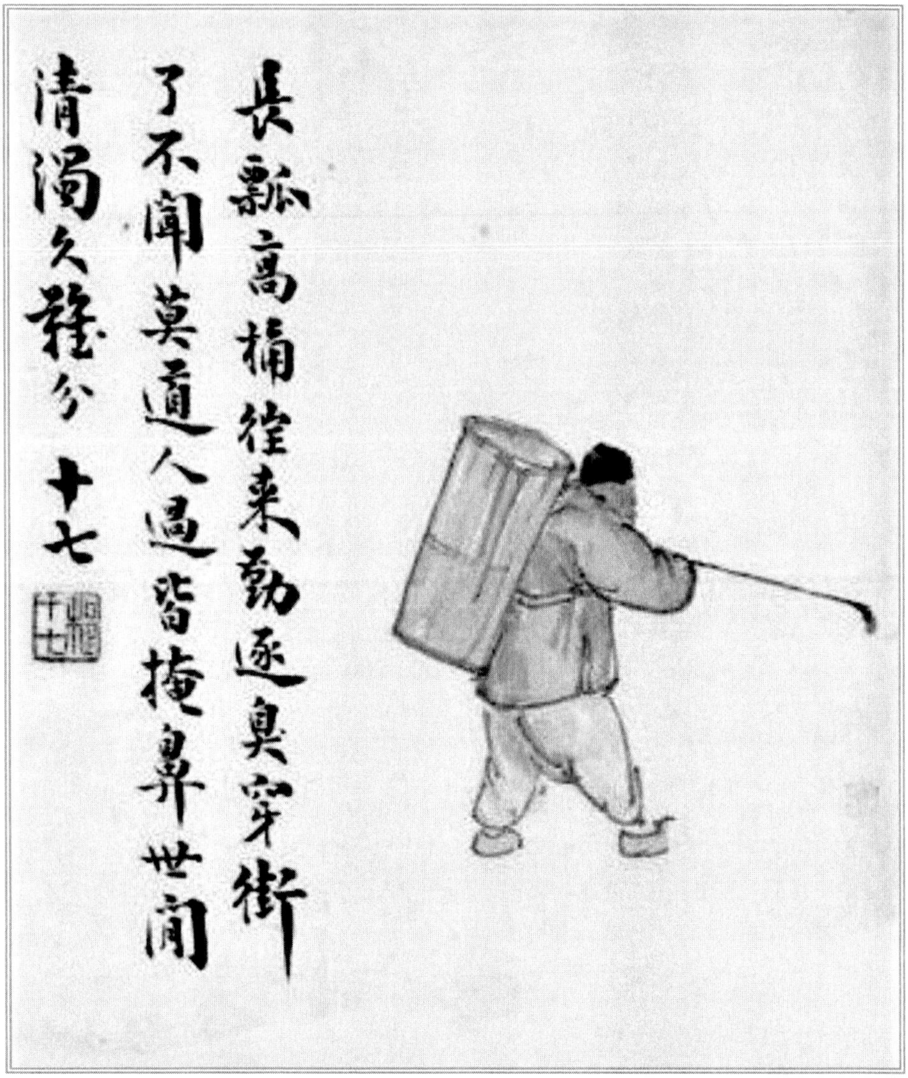

32. 執旗人

行步殊曠，了不前進。可以迎親，可以送殯。為吉為凶，惟命是聽。——孝起

33. 果子擔

大個錢，一子兩，當年酸味京曹享。而今一顆值十錢。貧家那獲嘗新鮮。朱門豪貴金盤裏，風味每得街市先，吁嗟乎，風味每得街市先。——青羊居士

果熟何曾得吮嘗，擔肩引吭太郎當。酬勞一撮相思草，雜有櫨梨桔柚香。落勞字。——陳止

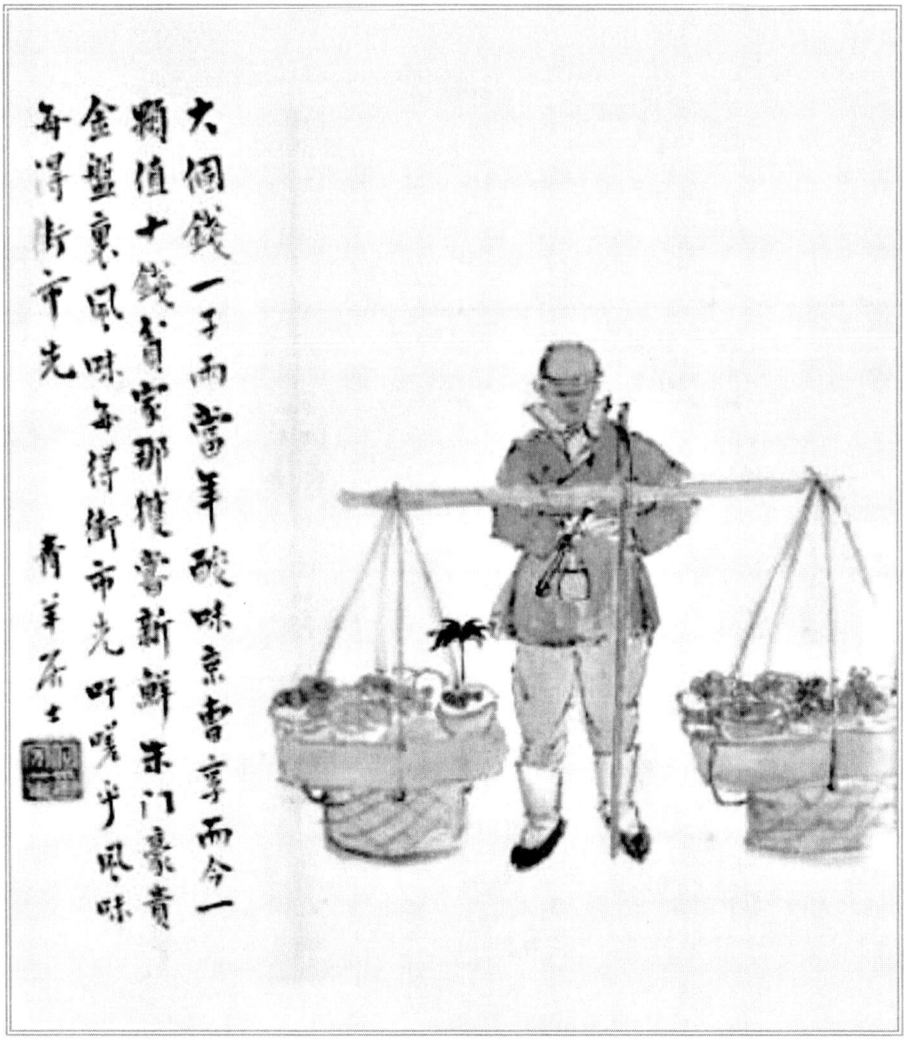

34. 回娘家

濃妝豔抹插枝花，懷抱嬌娃別阿爺。穩住草韁行得得，經他道左笑聲嘩。——青羊居士

未妨趕腳用兒夫，堅抱紅男坐黑驢。雞眼初挑著新履，雖非纖趾要人扶。——孝起

參考文獻

1. 李德生，《煙畫三百六十行》（臺灣漢聲出版公司出版，2001 年）。
2. 李德生，《煙畫老北京三百六十行》（中國北京大學出版社出版，2015 年）。
3. 李德生，《三百六十行詳考》（臺灣花木蘭文化事業有限公司出版，2022 年 8 月）。
4. 李德生，《三百六十行詳考續》（民初編）（臺灣花木蘭文化事業有限公司出版，2022 年 8 月）。
5. 許志浩，《太平歡樂圖序》（學林出版社，2003 年）。
6. 王稼句，《三百六十行》（古吳軒出版社，2002 年）。
7. 趙夢得，《讀雍正《耕織圖》》。
8. 許暘，《太平歡樂圖勾勒杭嘉湖民俗日常生活長卷》。
9. 肖復興，《北京風俗》與《北京民間風俗百圖》，光明日報，2019 年。
10. 鄧鋒，《探尋「不朽」之路：陳師曾研究綜述及反思》，中國美術雜誌，2017 年第一期。